W0075679

1. Himmelreich oder Unvergessliches So-gut-wie-nichts

Arnold Stadler

New York
machen wir das nächste Mal

Geschichten
aus dem Zweistromland

S. Fischer

Satz: Pinkuin Satz und Datentechnik, Berlin
Druck und Bindung: CPI – Clausen & Bosse, Leck
Printed in Germany
ISBN 978-3-10-075137-9

Du, sag, ist jetzt der Poldi
vor uns gestorben oder nach uns?
So fragte die eine Schwester die andere.
Und er hätte dies auch gern gewusst.

»Das sind so Geschichten!«, sagte Dr. Fröhlich immer, wenn er mit der Spritze kam. »Gleich wird es etwas pieksen!«, sagte er. Und es piekste.

Wenn Roland sein uraltes, handgeschriebenes Buch mit den Telefonnummern und den Adressen durchging, stieß er auf eine Welt von Enttäuschten.

Selbst Kinder gehörten dazu. Und sein eigener Name, den er schon auf der ersten Seite lesen konnte, war der allererste in der Liste derer, die enttäuscht waren. Er, das war jener, der von allen der Enttäuschteste war.

Von allem, von allen, und am meisten vielleicht von sich selbst.

Und doch hörte er Menschen sagen, dass sie glücklich waren.

Glücklich, dass es ihn gab. Manchmal gehörte er selbst zu diesen Menschen.

Glück! – und er ertappte sich dabei und musste zu sich sagen: Jetzt gerade warst du glücklich.

Schwarzer Wald, Schwarze Kuh, Schwarze Milch

Einst, ein Kind in den schwarzen Wäldern, fragte er seine Mutter: »Mama, geben die Kühe schwarze Milch?« Denn alle Kinder fragten so in den schwarzen Wäldern. Damals, in der Frühe, als er noch ein Kind und die Kühe noch schwarz waren.

Die Antwort hatte er vergessen, aber es gab sie. Es gab Menschen. Und ihre Gegend war immer schwarz, auch im Sommer, wenn alles schien, als blühte es und sagte ja, ja, ja der Weizen hing blond ineinander, als wäre es Liebe. Atem und Leben waren eins. Doch das Glück bildete manchmal einen rechten Winkeln auch hier.

Im Herzen Mesopotamiens

»Was hast du nur wieder mit deinen Hosen gemacht?«, fragte ihn, vom Spielen zurück, seine Mutter. Und Roland hätte ihr antworten können: »Ich habe darin gelebt.« Sagte aber etwas anderes.

Es war eine Kindheit unweit von einem Ort, der Himmelreich hieß, die Sehnsucht war also entsprechend, der Himmel über dem Himmelreich groß. Und so führten sie von Vorfrühling bis Spätherbst ein Leben im Freien.

Und selbst noch im Winter waren sie mit dem Schlitten unterwegs. Und abends kamen sie immer wieder zurück, und bis dahin mussten sie immer wieder zu Fuß mit ihrem Schlitten, bald mit ihren ersten Skiern, den kleinen Berg hinauf. Einen Lift oder gar einen Zauberer, der alles erledigt hätte, selbst die Träume, gab es noch nicht.

Rolands Kindheit war seiner Erinnerung eine große Gegenwart.

Die Zeit schien, unweit vom Himmelreich, damals schon Ewigkeit zu sein, als wäre die Ewigkeit ein Stück von ihnen gewesen. Doch aus jenem ersten Leben wurde bald Schnee von gestern. Was waren schon Kinderträume! Waren sie nicht wie die Erinnerungen Schnee von gestern? Und auch das Kapital von Schriftstellern und Verliebten, die ihre große Zeit hinter sich hatten?

Nun fiel Roland zuweilen schon wieder hin wie ein Kind im Laufstall, wenn es vom Fliegen träumte. Es wurde piano piano wieder ein Laufstall-Leben. Angereichert um eine Schwarzwaldtannenschwermut.

Immer wieder lebte er aufgrund falscher Schlüsse. Das erste Mal war es so: Er sollte ein Stück Zucker hinauslegen, damit der Storch käme. Roland legte also einen Zucker auf die Fensterbank, wie von der Großmutter vorgeschrieben, und dann kam der Storch und brachte noch eine Schwester. Damals war die Sehnsucht seine Zukunft, so wie die Vergangenheit nun sein Heimweh war.

Seine große Schwester hat Roland einst, als es noch Nacht wurde und Wunder gab, als noch der Himmel zu sehen war und mit ihm die Sterne, alles auf einmal gezeigt, und er staunte, und seine große Schwester entlockte ihm ein großes »AAAAAAAA! – Das ist der Himmel!«. Sagte sie ihm. Und er glaubte ihr. Freilich war es auch nur ein Kinderglaube. Aber der stand nicht zur Disposition, so wenig wie die Kinderträume.

»Das Schönste auf der ganzen Welt!«, sagte sie, wie Kinder sagen, ein Kinderleben lang.

Roland sah sie noch mit diesem Satz dastehen und hörte noch das Ausrufungszeichen hinter »auf der ganzen Welt«. Auf alles, was er sie fragte, bekam er eine Antwort von ihnen, seinen Anfangsmenschen. Dann starben die Ersten. Auf alles hatten sie eine Antwort gehabt. Aber wenn er nun am Telefon fragte: »Was machst du heut Abend?«, sagten sie: »Gulasch!«

Wie sie ihm voraus war und ihrem kleinen Bruder den offenen Himmel zeigte! Unter dem sie nebeneinanderstanden. Hand in Hand. Und vielleicht war das sogar das alles ermöglichende Wunder, auf das alle anderen folgten. Sie und ihn mit seinen kleinen großen Augen in ihrem großen kleinen Hof. Über diese Augen, mit denen sie als Kinder noch den Himmel berührten, waren sie mit der ganzen Welt verbunden, mit allem verbunden, was sie sahen und hätten sehen können, mit allem, was es gab, ob sie es sahen oder nicht. So standen sie im Weltraum, auf dem Nachbargrundstück der Milchstraße. Gleich nebenan die Milchstraße, das konnten sie sehen. Die Augen in ihnen und die Sterne über ihnen und sich. Dazwischen nichts. Seine Schwester und er, nebeneinander in diesem Hof. Und dann erst wieder die Sterne. Nachdem sie eine Weile geschaut hatten, gingen sie schlafen. Die Welt war noch vollständig: Großeltern und Schutzengel. Alles noch da. »Und nachts kreuzten sich Milchstraße und Dorfstraße auf dem Nachhauseweg.« So war es.

Es war noch eine Zeit vor dem künstlichen Licht, das den Himmel verdunkelte. Es war um die Zeit der Rübengeister herum, in den Tagen vor Allerheiligen. Sie waren gerade von Dorle zurückgekommen, auf deren Treppe die Kinder ihren Geist abgestellt hatten, um sie zu erschrecken, wenn sie herauskommen und dies sehen würde. Das war lange vor Halloween. Es war auch, schien Roland nun, zum Erschrecken gewesen: Es war dunkel, und sie lebte allein. Machte sie dann die Tür auf, leuchtete ihr da etwas entgegen, das wie ein Skelett aussah, dabei war es nur eine dicke Rübe. Sie war gerade vom Feld geholt worden als eine der Letzten. Zuletzt von allen Früchten waren diese Rüben dran, ein Saufutter, zum Fürchten. Unbeachtet hatten sie das Jahr über im Boden gelebt und waren nach unten gewachsen, bis sie so weit waren und herausgezogen wurden.

Aus allem, auch aus diesen Feldern, den Rübengeistern und so weiter waren Felder der Erinnerung geworden. Da standen sie nun. Und einige davon nahmen die Kinder und höhlten sie aus und gaben ihnen Augen, Nase und Mund, dazu einen Namen. Sie nannten es, sie oder ihn nun Rübengeist. Und es waren Kinder, die diese Geister dann vor Haustüren und auf Treppenabsätze und auf Fensterbänke stellten, um die wenigen Menschen, die diese Kinder bis dahin kannten, zu erschrecken, wohl mit dem Tod, von dem sie noch gar nichts wussten. Ach, die Erwachsenen. Sie fürchteten den Tod wie die Kinder den Wauwau. Also liebten die Erwachsenen es, auf diese Weise, in ein Kinderspiel einbezogen, an das Ende und den unbezweifelbaren Tod erinnert zu werden. Dann war es gar nicht so schlimm, denn »viele Leute fürchten sich vor dem Tod wie die Kinder vor dem Wauwau«, sagte und schrieb ihr Hausheiliger, das war Abraham von Kreenheinstetten.

Es war ein Kinderspiel, das im Reigen der Spiele, die von den Jahreszeiten bestimmt waren, seinen festen Platz hatte in den Tagen vor Allerheiligen. Das war ihr Halloween, als käme der Rübengeist aus Amerika und wäre eine amerikanische Erfindung. Doch war es so wenig wie das Automobil, die Television und der Personal Computer, einst als Rechenmaschine gedacht und nicht als globales Privatbordell, hätte sich Roland nun sagen müssen. Ach, damals war er noch ein Kind und lebte ganz ohne jedes Vorurteil und ohne jede Sünde. Der Rübengeist hatte einen Nahkampfblick, ein aggressiv grinsendes Maul wie ein Präsident. Was gab es denn da die ganze Zeit zu grinsen? Die Welt war doch gar nicht danach, und die Augen anstelle der Augen warfen feurige Blicke. Denn im Inneren des ausgehöhlten Kopfes mit dem leichten, selbst von einem stumpfen Küchenmesser von Kinderhand zu bearbeitenden Rübenfleisch, im Rübenhirn oder da, wo das Rübenhirn gewesen war, stand nun eine Kerze, die böse aus allem herausleuchtete und mit ihrem Licht aus Augen, Nase und Maul blitzte, als wäre es flackerndes Blut.

Und das Dorle, das längst bemerkt hatte, dass da auf ihrer Haustreppe etwas Unheimliches vorging und dass sie es waren, Kinder, Nachbarskinder, die eine alte Frau zu Tode erschrecken wollten zum Spiel, tat so, als würde sie es nicht merken und spielte mit und lauschte. Als könnte sie noch ein letztes Mal Kind sein und mitspielen.

Und als sie schließlich mit ihren Vorbereitungen fertig

waren und der Rübengeist leuchtete und sie sich davongemacht und hinter der Gartenmauer in Deckung gebracht hatten in der Erwartung, dass nun bald die Tür aufgehen würde und Dorle zu Tode erschrecken, machte sie kurz vor dem Nachtessen um sechs die Tür auf und schrie ein entsetzliches »UUUUUUUUUUUUUUUUUUU!« in die Nacht hinaus. Als wäre sie ein Uhu, den sie zu ihrer Zeit auch noch hörten, und sie schlug die Hände über dem Kopf zusammen. Sie hatte ja nur abgewartet, bis ihre Köpfe hinter der Gartenmauer verschwanden, um den Kindern eine Freude zu machen, ja, sie spielte mit. Sie tat genauso, wie sie wollten und warf vor Schreck die Türe zu, und diese Kinder freuten sich wie Kinder. Und sie, drinnen, freute sich auch so und weinte vielleicht sogar, denn das war so lange her, dass ihre Rübengeisterfreunde tot waren und sie die Einzige, die noch lebte. Es war das letzte Mal.

Das nächste Mal, als sie mit ihren Rübengeistern kamen, war sie tot. Bald nachdem zum letzten Mal der Wurstwagen am Samstagmorgen in ihrem Hof gehupt hatte und sie zum letzten Mal herauskam, um einen Wurstring für das Nachtessen dazuzukaufen, auf das sie sich ein Leben lang freute, starb das Dorle, mit einem Lächeln oder »mit links«, sagte man.

Die Kinder aber freuten sich auf die Nacht drinnen im warmen Haus, auch wenn sie sich vor dem Dunkel fürchteten. Sie waren vom Schutzengel, Vater und Mutter, Großvater und Großmutter beschützt und vor der Welt sicher und freuten sich im Schlaf an den Jahreszeiten und am Leben, ohne dass sie es wussten.

Es war in der Zeit, als Roland noch im Schlaf wuchs und seine Schwester, die ihm um drei Mal Frühjahr, Sommer, Herbst und Winter voraus war, ihm die wichtigsten Sterne zeigte. Aber es stellte sich heraus, dass sie nur einen mit

Namen nennen konnte: Es war der Große Wagen. Roland wusste nicht, wo sie diesen Namen aufgeschnappt hatte. Das waren ja gleich sieben Sterne auf einmal, dazu auch noch Fixsterne, die bis zum Jüngsten Tag niemals zusammenkommen und eins sein würden. Und doch, ob Fixstern oder nicht: Es schien, als wäre da einer am Himmel unterwegs. Es war ein Großer Wagen.

Sie, mit ihrer kindlichen Phantasie, sahen aber nur dieses Fahrzeug. Der Fahrer dazu fehlte. Ehrlich gesagt: Viel mehr konnten sie auch nicht erkennen. Sie sahen zwar den ganzen Himmel voller Sterne damals, als es noch möglich war, aber diese Kinder kannten ja ihre Namen nicht. Und wussten auch gar nicht, ob dieser Name überhaupt stimmte. »Der Große Wagen?« War er am Fahren oder am Fliegen? Wohin war der denn im Blindflug unterwegs? Und woher? Roland hörte, dass er die Milchstraße befuhr, und sah, was zu sehen war. Es müssen Adleraugen gewesen sein, denn noch Jahrzehnte später sagte die Augenärztin, das seien Adleraugen.

Am Anfang gab es noch kein Fernsehen, das Kindern die Welt erklärt hätte. Als das Fernsehen ins Haus kam, war alles erst noch schwarzweiß. Und doch war es eine Verheißung, als begänne das richtige Leben erst jetzt und alle, die vor ihnen gewesen und gelebt hatten, hätten noch nicht ganz gelebt, als wären sie keine richtigen Kinder und Menschen gewesen. Das Glück beim Zappen stellte sich erst später ein, denn es gab nur ein Programm, das um 17 Uhr begann. Und so lange saßen Menschen, die es nicht erwarten konnten, vor dem Testbild. Die ersten richtigen Fernsehmenschen sahen selbst die Kinderstunde am Sonntag. Und bis es so weit war das Testbild, auch schwarzweiß. Und als alles schon wieder vorbei war, noch vor Mitternacht, schauten sie weiter zum Testbild hin und waren voller Hoffnung, dass vielleicht doch noch etwas käme wie ein Wunder. Und manche schliefen beim Testbild ein, auch aus Erschöpfung und Enttäuschung, weil sie es nicht fassen konnten, dass schon wieder alles vorbei war. Das Dorle aber fing mit dem Fernsehen nicht mehr an. Das war für die Menschen nach ihr. Sie ging mit den Hühnern ins Bett. Dann nahm sie bald das Weihwasser, machte das Kreuzzeichen, löschte das Licht, sprach das Nachtgebet und schlief oftmals noch beim Nachtgebet mit gefalteten Händen ein. Und am anderen Morgen gab es vielleicht schon Eisblumen am Fenster. Noch ein Wunder, das ausgestorben ist.

Jetzt wartete nur noch das Meer auf ihn. Das Meer war das letzte der Wunder, von denen Roland wusste, dass es sie gab. Seit jener Postkarte, die ihm den Golf von Neapel zeigte, die Stadt, den Vesuv und das blaue Meer auf einmal, auf das er mit seiner ganzen Sehnsucht hinlebte. Doch das Meer stellte sich als vieles heraus, zuletzt als ein unabsehbarer gefährlich blauer Bauch, in dem alles verschwand. Was war ein Meer anderes als ein Meer? Und doch. Am Ende schien ihm, er wäre wegen nichts anderem hier gewesen, um dies alles zu sehen.

Einst ging Roland durch ein Föhrenwäldchen im Sand gleich hinter der Dünung von Longeville sur Mer. Und als er auf der Höhe derselben stand, im Begriff, sich selbst »Da ist es also! Das Meer!«, zu sagen und »schau!«, sah er das Blau, als reimte es sich auf seine Augen, als wären »Augen« und »Meer« ein Endreim, dabei waren sie doch nur zwei Pole. Wie schön! Dachte er, als wäre alles ein Reim auf »Blau«, auch »Anfang« und »Ende«. Das ganze Blau, das nun weiterging von allen Tropen bis zu den Eisbergen. Und davor und dazwischen sah Roland Menschen und Menschenzeichen, nackt oder fast nackt, so wie sie geschaffen waren, Menschen, die auf Muschelsuche oder nach sonst etwas waren, vielleicht auf der Suche nach sich selbst. Und da dies nicht möglich war, suchten sie wenigstens einen, der aussah wie sie oder noch etwas besser. Das war die Sehnsucht.

Versuch über Zeit und Vergänglichkeit, und schon ist es Abend.

Kinder! Sie spielten selbst auf dem Friedhof ihre Versteckspiele, duckten sich hinter Grabsteinen und schauten hinter ihnen hervor. Bald träumten sie vom Fliegen. Und flogen.

Ein paar Jahre später träumten sie von einem Ferienhaus, vom Bleiben auf einem toskanischen Hügel mit dem Blick aufs Meer bis nach Amerika. Und auch der Supermarkt und die Tankstelle sollten nicht weit sein. Und alles versichert. Und vor jeder Mauer ein Bewegungsmelder.

Kinder können nicht rückwärtsschauen, sagt man.

Schon im Auto wird ihnen dabei schlecht. Sie müssen es auch nicht, denn die Welt liegt fast noch komplett vor ihnen, und von ihrer Versehrtheit wissen sie noch nichts, bis sie das erste Mal das Knie aufgeschlagen haben und auf dem Boden liegen.

Ja. Dachte Roland.

Es hat oft geblutet, und das meiste ist vergessen, nur die Erinnerung ist eine Bluterkrankheit, als wäre sie ansteckend und meldepflichtig, und der infizierte Schriftsteller muss sich ein Leben lang sagen:

»Ich blute, ich erinnere mich, es tut weh, ich bin.«

Gleichschenkliges Dreieck

Immer, wenn sie sich trafen, war es auf dem Weg zum Friedhof. Von dort aus sah man fast alles. Er lag irgendwie über ihnen und hatte die Form eines Herzens. Denn der Weg gabelte sich gerade an der Tür, die in ihn hineinführte. Rechts und links ging es an ihm vorbei, aber der Weg in der Mitte führte geradewegs auf jenes Tor zu. Und dann kamen sie, immer wieder erleichtert, wenn auch nur vorläufig, durch dieselbe Tür heraus. Dieser Friedhof, der ihr Heimatfriedhof war, sah wie ein stilisiertes Herz aus oder wie ein abstrahiertes. Wem das zu viel war, sagte einfach: Unser Friedhof sieht wie ein Herz aus.

Es gab aber auch Menschen unter ihnen, die wären nie darauf gekommen, dass dies ein Herz sein sollte. Für sie war es ein Dreieck, ein gleichschenkliges, dem man lieber so lange wie möglich aus dem Weg ging, mehr nicht. Die hohen Bäume waren ein Ärgernis, das immer nur Sauerei machte. Und die schön bemooste Mauer dahinter, die diese Welt von der anderen abgrenzte, war ihnen nichts als eine die beiden Seiten verbindende Gerade, die etwas abschloss. Dass es wahrscheinlich für immer war, daran wollten die meisten lieber nicht denken.

Marieluischen und Roland waren im früheren Leben, das sie sich im späteren immer wieder dazudenken mussten, einmal eine erste Liebe gewesen.

Jetzt vielleicht nach einer Ewigkeit und drei Tagen, wie man dafür zu Hause sagte, wenn etwas vorbei war, gab es sie immer noch und waren doch nicht mehr als zwei zweibeinige Reste, die sich auf dem Weg zum Friedhof trafen und etwa an der Stelle stehen blieben, wo der Schlitten, mit dem sie damals diesen Friedhofshügel hinuntergefahren waren, einst noch einmal an Fahrt zugelegt hatte. Ja, da trafen sie sich nun und sagten: »Bist du auch da!?« – »Bischd au do?« – eine Frage, auf die keine Antwort nötig war. Sie war ja schon eine Feststellung: Ja, es gibt dich noch. So begrüßten sie sich auf dem Weg zum Friedhof, der die Form eines gleichschenkligen Dreiecks oder eines Herzens hatte.

Für Marieluischen war es eher ein ungutes Dreieck, das all ihren Terminen ein Ende machte. Er aber hätte niemals das Wort »Dreieck« verwandt, das, in Berlin, wo er nun schon lange genug das Jahr über lebte oder nicht, leicht zu »Dreck« wurde in seinen Ohren – und schon gar nicht das Wort »gleichschenklig«, denn er machte sich etwas aus Wörtern, und sie waren ihm nicht gleichgültig; »gleichschenklig« gefiel ihm nicht. Und außerdem: Dieses Wort hatte eine Vorgeschichte.

Sein zweiter Name Sebastian stammte von jenem Heiligen der Passivität, das heißt, er war von einem, der alles mit sich machen ließ. Das war in der Welt, in der er sein Leben, das er sich auch nicht ausgesucht hatte, leben musste, nichts wert. Seine Welt war nachtaktiv wie die Wildschweine. Er träumte.

Und mit einem Mal sah Roland Sebastian sich wieder an der Tafel stehen, plötzlich aufgerufen von einer Geometrielehrerin namens Assunta Himmelheber, deren Vater noch Ritterkreuzträger und SS-General gewesen war. Marieluischen, der Vierzehnjährigen von einst, fiel aber nun vor allem jene Erektion ein. Es war fast das Schönste und Gemeinste, was es an einem falschen Ort zu einer falschen Zeit geben konnte. Da stand er nun an der Tafel in seiner kurzen Lederhose, ja, so war es!, diktierte ihm seine Erinnerung und machte aus einer so verlorenen wie unsichtbaren Welt eine zweite Gegenwart, ja – und er sollte ein gleichschenkliges Dreieck konstruieren, zusammen mit seinem nichtsnutzigen, späteren und im Lauf des Lebens dann wieder abhandengekommenen Freund, der dazu auch noch Willy hieß, der mit diesem wenig prestigeträchtigen Namen nichts werden konnte, schon gar nicht bei Fräulein Himmelheber und den Frauen, auf die es doch damals am meisten ankam.

Damals, in Frau Himmelhebers Zeiten, ließ Willy sich bald mit Ebu ansprechen von den Jungen und Mädchen in der Klasse, besonders von seinen geliebten. Aber so erektionsfreundlich war dieser Name nun auch wieder nicht, auch damals nicht.

Die allermeisten Mädchen machten sich trotz dieses Namenswechsels nichts aus Ebu. Und Jungen fanden sich auch nicht und waren ihm außerdem egal bis eklig. Denn er hatte schon in jungen Jahren ein naturtrübes bis verrecktes Gesicht, wie sie zu Hause in Mesopotamien sagten, und wer es da nicht schafft zu glänzen, wenigstens ein Mal im Leben, das war schon drei Pünktchen wert …

Aber wenn er die Hose auszog … Aber davon hatten die allermeisten nichts.

Es war nicht einmal der Schwanz, sondern eher die Art und Weise, die Architektur dieses Körpers, wie sich seine Teile harmonisch in das Ganze einfügten. Es ist schon wahr, dass man den Menschen nicht nach seinem äußeren Anschein bewerten soll. Und doch.

Der Mensch schleppt ja zum Beweis, wenn es vorbei ist mit ihm, oftmals Fotos an. Was sind Fotos? Sind es nicht Lügen, die Beweischarakter haben?

Willy aber konnte kein einziges lügenhaftes Foto vorlegen, das ihm hätte später zum Beweis dienen können, dass er aber früher einmal so aussah, dass sich alle nach ihm umdrehten.

Allein die Mutter hätte sich noch zu einer Hymne aufgeschwungen und hätte aber notgedrungen auf andere Felder ausweichen müssen: »Aber gescheit ist er! Und wie er rechnen kann! Und gerade Glieder und schön gewachsen!«

Das stimmte. Und war doch alles. Aber nicht einmal diese Mutter hätte auf jenes kirgisische Sprichwort Anspruch haben wollen: »In den Augen einer Truthahnmutter ist jedes Kind ein Schwan.« Nein, er gab nie etwas her, und jene, die diesen grausamen Satz hätten bestätigen können, ja müssen, waren zum Glück bald alle tot. Nur die Gleichaltrigen lebten noch. Freilich bezogen sich all diese grausamen Sätze auf dieses Gesicht, das nichts hergab als den Gedanken, mit diesem Menschen lieber nichts zu tun haben zu wollen.

Auch wenn nun seither dreißig oder bald vierzig Jahre vergangen sein mochten, kannten sie ihren Platz im Leben. Wussten jene Lümmel und Gören von der letzten Bankreihe, die sie gewesen waren, immer noch, dass Fräulein Himmelheber Ebu mit dem richtigen Namen aufzustehen aufforderte: »Willy, an die Tafel!« Und dann, schon ab 16: »Herr Lezeter, an die Tafel bitte!« Aber er, der wollte gar nicht, dass jene Erscheinung, der er so nah war, besonders nachts, nun plötzlich nicht mehr »Du« sagte. Dass sie nun plötzlich »Sie« sagte, schmerzte ihn. Als distanzierte sie sich von ihm. Er aber hatte geglaubt, dass da mehr wäre zwischen ihm und ihr.

Zwischen ihm und ihr: Ja, das stimmte. Mehr war leider nicht. Nur Willy träumte davon, dass sie abends, auf zwei Wochen im Landschulheim im Teutoburger Wald, nackt vor ihm auf dem Flokatiteppich läge und fragen würde: »Kommst du?«, und sagen würde: »Komm!« Nein. Seine Träume waren sehr einseitig. Es war in der Zeit, als die Jungs noch rot wurden.

Die Konstruktion eines gleichschenkligen Dreiecks wäre eigentlich etwas für Anfänger gewesen. Und gerade für diese zwei, die doch sonst eine Eins schrieben in Geometrie. Beide mit einer Erektion, aber aus ganz unterschiedlichen Gründen. Die Morgenstunden in der Schule waren damals die richtige Zeit dafür, in jener Zeit, als Bisamratte und Morgenlatte noch einen Reim ergaben.

Ach, jene Zeiten, Unzeiten, wo es schon am Morgen zu unerwünschten Erscheinungen oder Auftritten jenes über alles entscheidenden Glieds in der Kette der so unübersehbaren wie unrevidierbaren Geschichte kommen konnte.

Das meiste davon war schon grausig genug.

Ach, Fräulein Himmelheber, diese Lehrerin, die auch ihre Geschichte hatte, damals zu Zeiten, in der Nacht, bevor sie bei ihnen an der Tafel stand, etwas erlebt haben mochte, etwas, das sich zu einem Ganzen fügte. Der Mann, von dem hier die Rede ist, hatte aber einen Korken, wie sie in jener Gegend sagten. Willy Lezeter oder Ebu. Womit auch gesagt sein konnte, dass Namen nicht Schall und Rauch waren.

Auch Marieluischen oder Marlene, wie sie dann zu Schulzeiten hieß, weil auch sie solche Beine hatte, von denen man auch in Mesopotamien wusste, sah die beiden nun wieder so dastehen, wie alle ungläubig lachten. Außer Fräulein Himmelheber. Und Marlene, der die zweite, nicht minder folgenreiche Erektion galt, wie sie das gleichschenklige Dreieck nicht hinbekamen.

Es war ja auch noch im Sommer, und es gab noch diese kurzen Lederhosen, die er von seinem älteren Bruder geerbt hatte und austragen musste.

Alle sahen die beiden an der Tafel stehen, wo sie statt des gleichschenkligen Dreiecks nur eine Erektion schafften und mit einem Riesenzirkel, der auch schon fast wie ein perverses Penetrationsinstrument in den Augen eines Vierzehnjährigen aussah, und einem entsprechenden ausfahrbaren

Lineal und einer Kreide, die für die entsprechenden Augen die Form eines Dildos hatte, herumfuchtelten.

Doch der Mensch ist verschieden: Der eine sieht am meisten, was der andere am wenigsten wahrnimmt.

Ihm wäre ausnahmsweise lieber gewesen, es wäre Winter gewesen, wenn das Leben noch mehr nach innen ging als sonst.

Im Winter war es damals so kalt in diesem Klassenzimmer, und draußen war es noch kälter. Und das Frühjahr war derart, schien ihm, dass es erst immer im nächsten Jahr blühte.

Nun sei es aber wirklich genug von jenem gleichschenkligen Dreieck, an das sich Marlene immer noch erinnern konnte, im Gegensatz zu Fräulein Himmelheber, die schon tot war. Noch zu Schulzeiten zur Frau geworden, hätte sie dann endlich ihren Namen wechseln können und Assunta Adam heißen, aber leider kam es zu einem Doppelnamen, der die Sache auch nicht besser machte. Assunta Himmelheber-Adam hieß sie nun. Bald errichtete sie im Neubaugebiet mit ihrem Mann Herbert ein Einfamilienhaus und führte ab da eine Lehrer-Doppelexistenz. Mit sechzig wurde sie pensioniert, wohingegen ihr Mann noch bis 65 hätte weitermachen müssen, wäre er nicht rechtzeitig vor Erreichen der Passionsgrenze gestorben. Und Assunta Adam-Himmelheber war nun auch schon seit drei Jahren tot. Da war der Uhrzeiger beim Jahr 84 stehengeblieben. Das Haus aber stehe seither zum Verkauf und niemand wolle es haben, wie ihm Marlene zu berichten wusste. Das war auch schon fast alles. Und mehr gab es ja auch nicht.

Sie, frech wie am Anfang, stellte sich ihm nun vor als jüngste Großmutter von Mesopotamien, zwischen Donau und Rhein, der an dieser Stelle auch fast ein rechtwinkliges

Dreieck bildete, als wollte er den Schwarzwald abschirmen und ihm ein Gewicht geben auf der Landkarte, Neckar und Lech in jenem Land am Fuße der Alpen.

Sie hatte ein kleines Mädchen neben sich, an der Hand. Und jenes Mädchen hieß Jennifer. Es quengelte an ihrer Seite und sagte, vielleicht wegen Rolands grauer Haare, nun mehrmals das Wort »Opa« vor sich hin. Tatsächlich, das war Marlenes jüngstes Enkelkind. Also gab es noch mehr davon, auch ältere, die wohl schon lesen und schreiben konnten. Wahrscheinlich saßen die beiden, Marko und Noah, schon mehrere Stunden täglich vor dem Computer und konnten sich bereits die Welt herunterladen. Marlene war nun blond. Er war grau geworden. So war es. »Das Grau steht dir!«, sagte sie unaufgefordert. Er wusste aber nicht, ob sich Marlene bei aller Liebe wie einst doch nicht über ihn lustig machte, und schon damals wusste er es nicht und hat nie herausbekommen, wie sie war und wie sie es meinte. Dann erklärte sie aber, ohne dass er sie danach gefragt hätte, ihre Haare seien nicht gefärbt, sondern mit der Zeit einfach blond geworden.

Roland konnte ohnehin so gut wie nie sagen, was er dachte. Und sie sagte immer Sachen, die sie vielleicht gar nicht so dachte.

Vielleicht hatte sie schon damals, als sie dann, nach jenem Vorfall, der einer ersten Vertreibung aus dem Paradies gleichkam, der aber nach kaum zehn Jahren dazu führte, dass sie doch noch zusammenkamen, etwas anderes gesagt als gedacht. Also sagte er sich: Damit musst du nun auch noch leben, als wären die grauen Haare nicht genug. Es gab aber auch Menschen, die so etwas schön fanden und das Wort »silbern« erfunden hatten dafür. Freilich war eigentlich »golden« das richtige. Das wussten die, welche »silbern« sagten, ganz genau. Und zur dreijährigen Enkeltochter von Marlene hätte seine intuitionsfreudige Großmutter

Olive auf der Stelle »aus diesem Kind wird nichts!« gesagt, und damit sei es von Jennifer genug. Was aus ihr geworden war, konnte er sich ausdenken, wollte es aber lieber nicht. Wahrscheinlich war Jennifer mittlerweile wohl auch schon wieder Mutter geworden und hatte die Freuden der Liebe und Dinge, die in »so Sachen« gipfelten, denen das in seinen Ohren gewiss auch ekelerregende Wort »Schmusen« vorausgegangen war, auch schon genossen. Genossen, wie Marlenes Mann Fritz, genannt der Schmutzfink, noch dafür gesagt hätte, wenn er seinen romantischen oder ironischen Tag hatte.

Aber das mit Marlene und ihm und alles war nun schon eine Ewigkeit und drei Tage her. Mit einem Mal stand das Wort »Ausziehen« wieder vor ihm.

»Ausziehen.« In ihrer Muttersprache hieß das: »Abziehen«. Vor allem fand das Wort »gleichschenklig« keine Gnade in den wohlgeformten Ohren Rolands, und wohl auch in den Augen und Ohren Fräulein Himmelhebers nicht, schon gar nicht in diesem Zusammenhang. Es war ein hässliches Wort, und so verzichtete er in seinem Leben auf dieses Wort, so gut es ging, vermied er das Wort »gleichschenklig«, während Fräulein Himmelheber von Berufs wegen ein Leben lang mit dem Wort »gleichschenklig« konfrontiert war. Da lag sie vor ihm. Marlene, Marieluischen. Und das Schießerunterhöschen mit seinen Mickymäusen lag daneben.

Es war ein Leben damals unter freiem Taghimmel. Im Frühjahr war es Völkerball, im Sommer Schwimmen, im Herbst Drachensteigen, und der erste Schnee ließ ihr Herz schlagen.

Es war schön, vom Friedhofbühl, eine der beiden Mauern entlang, mit dem Schlitten hinunterzuschießen. Nur aufpassen mussten sie an der Stelle, wo die beiden Straßen zusammenkamen. Sonst knallte es. Wenn es regnete, spielten sie in der Garage unten an der Straße ein Spiel, das Doktor hieß, ein Spiel, das ihnen eigentlich schon von Anfang an verboten war. Das wussten sie. Obschon es keinen Menschen gab, der ihnen dies gesagt hätte. Hinter ihren Häusern kamen die Obstgärten, die bald in ein verwildertes Gelände übergingen. Und am Horizont dieser kleinen, großen Welt konnte man den Wald und die Wälder in blauen Bahnen übereinanderliegen sehen, in denen die höchsten Jäger von einst gejagt hatten. Es hieß, dass einmal im Jahr auch Königin Elisabeth und ihr Mann inkognito zur Jagd kamen, denn der war ein Onkel ihres Fürsten. Und später haben sie das waidgerecht Erschossene und waidgerecht Ausgenommene waidgerecht zubereitet und waidgerecht verspeist, und danach ging es waidgerecht weiter.

Da, wo der Obstgarten zu Ende war und das nicht bestellte Gelände begann, blühte es auch und wuchs, aber wild und durcheinander, und wie immer im Leben waren es auch hier die stärksten, das heißt unempfindsamsten der Lebewesen, die sich durchsetzten, die Birke und der Holunder, alles, was von selbst wuchs und lebte.

Da, hinter den Holunderbüschen, unter ihrem neutralen, fast gleichgültigen Grün, trafen sie sich. So war es abgemacht, Doktor spielen wollten sie. Aber diesmal nur zu zweit. Die anderen sollten nicht dabei sein. Sie wollten allein spielen.

Es war Marieluischens Idee, das hätte er beim Schnee seiner Kindheit schwören können. Aber er hat aus dieser Idee etwas gemacht. Das schon. Das Träumen kam später.

Marieluischen war es, die allein spielen wollte. Mit ihm. Sie war es, die sich hinlegte. Er war es, den er nun sagen hörte: »Können wir uns jetzt bitte etwas freimachen?«

So hatte er das gehört, als er mit seiner Mutter beim

Frauenarzt war, ja, tatsächlich, es war die erste Frage überhaupt, an die er sich erinnern konnte.

Es war ein erektionsfreundlicher Satz. In welcher Sprache auch immer. Bald war er zum Du übergegangen und sagte: »Zieh dich aus!« Das war nun keine Frage mehr.

Und dann, hier in der morgenschönen Frühe vermochte er es sogar, Marieluischen in einen ersten Rausch zu versetzen. Welch ein Anfang! »Zieh dich auch aus!«, sagte sie mit einem Mal. Noch so ein Satz, den er im späteren Leben nie mehr vergaß.

Welch ein Anfang! Das war der Tag, an dem sie aus dem Paradies vertrieben wurden. Zurückgekehrt und zur Rede gestellt und auf die Frage: »Was hast du gemacht?! Du Ferkel!«, hätte er sagen müssen: »Ich habe gelebt.« Und nach der Zeit gefragt, hätte er sagen können: »Sie ist vergangen.« Aber er konnte gar nicht sagen, was er eigentlich gemacht hatte. Ihre Oberfläche war fast gleich, schon in der Farbe. Und dann auch das andere. Sie mussten irgendwie verwandt sein, anders konnte er sich nicht erklären, dass fast alles gleich war.

Es war mittlerweile auch etwas ungemütlich geworden, und sie hatten bemerkt, wie der Boden nass war und die Hose und das Kleidchen grüne Flecken bekommen hatten von allem und wie es von unten her zwackte und biss. Da waren Ameisen, die für jede Arbeit gut waren und auch schon auf spielende Weise übten. Da fielen ihm auch die vielen fetten Ameisen ein, die sie beim Spielen auf dem Friedhof entdeckten, in durchsichtige Reißnagelschachteln sperrten und einander zeigten, als wären es Jagdtrophäen. Kinder eben. Die Brennnesseln hatten sie auch nicht bemerkt, als sie sich hinlegten und hinknieten und mit der Hand im Gras herumfuhren. Und die Zuschauer auch nicht, die vom Spiel ausgeschlossen waren und nun mit einem Mal, als er und Marieluischen schon keine Lust mehr hatten an diesem Spiel und sahen, wo sie waren und wie ihre Sachen ganz verschmutzt waren, aufschrien und davonrannten, in Richtung Haus und Menschen.

Erst jetzt bemerkten die beiden, dass sie etwas gemacht hatten, was verboten war. Sie hatte ihm etwas zeigen wollen. Dann sah er etwas, das dem Nichts glich.

Das konnte doch nicht alles sein, was er da sah und machte. Wie er mit seinen Händchen – war es das rechte oder das linke? War es nacheinander oder gleichzeitig? – ihr dieses Höschen herunterzog – ob Bild- oder Zahlseite spielt keine Rolle –, auf dem er mehrere schon etwas verwaschene Mickymäuse und Herzchen und Rosen entdeckte, und wie er schließlich sah, dass er nichts sah, und wie sie sich miteinander verglichen, fast schon ernüchtert. Es passte nicht so recht zusammen, aber diese Firma, die solche Unterwäsche produzierte, dachte sich wohl: Es sieht eh niemand! Da täuschte sie sich aber!

Und doch. Wie sich sein Etwas in Richtung dieses Nichts erhob, fortsetzte und dort sein Ziel hatte, und wenn nicht hatte, so doch suchte, suchen würde, später, ein Leben lang. Das war die Sehnsucht des Etwas zum Nichts. Zu einem pseudophilosophischen Satz sublimiert.

So diktierte ihm das die Erinnerung. Nein. Das war die Vertreibung aus dem Paradies.

Diese Vertreibung wurde in diesem Fall nicht von Gott persönlich betrieben. In diesem Fall war es nicht er selbst, sondern die schon etwas ältere rechtschaffene Cousine, Typ Potiphar, die nicht mitspielen durfte. Die sie die ganze Zeit beobachtet hatte. Sie war ins Haus gelaufen und hatte alle zusammengerufen, die auch nicht mitgespielt hatten. Die Tanten, darunter auch jene, die nur so hießen, die Nachbarinnen, hatten sich zum Tribunal aufgestellt und den herbeigerufenen Vater, der irgendeine Arbeit unterbrechen musste, aufgefordert, er solle nun diesen Strolch verschlagen, versohlen, verhauen. Auch dafür gab es so viele Tu-wörter in ihrer Sprache. »Aber richtig!« Auch dieser Satz blieb dann lebenslänglich an ihm hängen. Kein einziger Mann war unter diesen Anklägern, nur Frauen und Kinder, und die forderten diesen armen Mann nun auf, er solle seinem missratenen Sohn nun geben! – »Gib ihm! – Aber richtig!« –, und sie wollten es sehen und etwas davon haben und Zeugen sein, als wäre es jener große Platz vor der Moschee in Isfahan am Tag des Freitagsgebets bei der Hinrichtung der Ehebrecher.

Der hatte jedoch gar keine Lust auf so etwas und dachte nicht daran, seinen erstgeborenen Sohn für so etwas zu bestrafen. Es könnte schon sein, dass er sogar stolz war auf ihn, im Glauben, dies wäre ein erstes Zeichen, ja fast schon der Beweis, dass sein Ältester auf dem richtigen Weg war.

Und damit sei es vorerst genug von diesem Jungen von einst, mit dem jene Marlene, die er auf dem Weg zu diesem Friedhof traf, auch schon die ersten Fahrstunden genommen hatte. Ach, Liebe war auch nicht das richtige Wort in ihrer Sprache für das, was war.

Marlene sagte, sie würde ihn gerne wiedersehen, aber nicht hier, praktisch an der Friedhofsmauer, sondern »Heute Abend. Auf ein Bier. Und danach sehen wir weiter.«

Sagte sie mit jenem alten Gesichtsausdruck, als wäre es eine Verheißung.

Zu Hause, im Himmelreich

An seine Eltern zu denken, tat fast immer weh. Und auch an sich selbst zu denken, tat fast immer weh. Manchmal hatte er den Verdacht, dass er im Suff gemacht war.

Dass sich seine Eltern hatten gehenlassen, was schließlich zu ihm geführt hat.

So glaubte er, sich erklären zu können. Er war ein Christkind, gemacht im Karneval, im ersten Jahr der Fresswelle.

Es tat weh. Das war bei jedem so, der es wirklich versuchte, sich an seine Vergangenheit genau zu erinnern, an seine Herkunft, aber auch an seine Gegenwart, sich sein Leben ganz vorzustellen, zu vergegenwärtigen, auch noch die Zukunft, anders als die Sonnenuhr, die es auch noch gab zwischen zwei Hirschgeweihen über dem Scheunentor, die nur die schönen Stunden zählte. Ach, wie sie, paarweise oder nicht, durchs Leben schlitterten, übers Meer, und wie ihr Leben mit ihrem Sterben zusammenfiel. Manchmal blieb eine Geschichte übrig.

Ach, Männer. Sie waren keine Frauen, die über alles sprechen konnten und wie seine Mutter ständig sagen »Ich fresse alles in mich hinein«. Einen solchen Satz hatten sein Vater und er nicht in ihrem Sprachbesteck. Nachts schrie sein Vater »Nicht schießen!«. Tagsüber schwieg er. Denn der Krieg war immer noch nicht vorbei in diesem Haus. Ja, ihm war so, als wäre der Krieg erst an jenem Tag vorbei, an dem die beiden in jenem rechtschenkligen Dreieck lägen, oben, auf dem herzförmigen Heimatfriedhof.

Der alte Abendhimmel war unfotografierbar. Aber erinnerbar blieb er.

Hellblaue und rosarote Streifen waren es an diesem Himmel, wie Strampelhosen, einst getragen von ihm und ihr in der seligsten Zeit, als sie noch auf Händen getragen wurden.

Das konnte er schwören, und wie aus diesem jenes Gesicht herausschaute, das er auf Händen getragen hätte, wenn man noch so dafür sagte.

Einst war er auf solchen Händen getragen worden, als Stammhalter, sagten sie, als lebendes Stück Unsterblichkeit herumgereicht von Großmutter zu Großmutter, unter einem Christbaum im Jahr der ersten Fresswelle. Zehn Jahre zuvor hatte sie noch Feldpostpäckchen mit selbstgebackener Linzertorte in alle Himmelsrichtungen an die Front geschickt. Und gleich hinter dem Fenster waren es 30 Grad Minus und lauerte der Tod. So gehütet und geliebt worden war er wenigstens von Vater und Mutter und den Großmüttern, die an jenem Heiligabend an ihm herumzupften und herumknutschten und wie ein Spielzeug fast erdrückten, bis er schrie.

Wenn er als Kind das Jahr über immer wieder krank war, brachte die Großmutter in Ei gebackenes Hirn, und er aß es.

So wie er alles nachmachte, was ihm vorgemacht worden war, vom ersten Löffel an.

Das war vielleicht eine Art Hirsebrei, eine Art *Habermus*, er konnte aber niemand mehr fragen. Und hätte er noch jemand fragen können, hätten die es vergessen gehabt, dachte er. Anders als sie es immer behaupteten: zum Beweis der Satz: »Ich weiß noch ganz genau!«, mit dem sie ihre Lügen einzuleiten pflegten, hatten sie aber ihr und sein erstes Leben komplett vergessen.

Es hatte alles, das ganze gewesene Leben, in ein, zwei, drei Sätzen Platz.

Vom ersten Löffel an, vom ersten Wort an, vom ersten Stehen und Gehen an:

Immer nur hat er etwas nachgemacht, was andere ihm vorgemacht hatten, und die anderen, die es vorgemacht hatten, vergaßen es, vom ersten Bissen an, vom ersten Schluck an. Wie man sich anstellt in der Reihe und wie man langsam vorangeht.

Selbst noch wie er sich als zukünftiger Mann an der Toilette aufzustellen hatte, war ihm gezeigt worden von seinen Frauen. Wie er den Hosenladen öffnen und sein Geschlechtsteil herausnehmen musste und wie er es halten sollte, das gleichzeitig auch noch als Haupt-Entsorgungsorgan in diesem lebenden System diente, das er war, und das auch funktionierte, ohne dass er es verstand, noch ein Wunder, das staunenswert war. Und wie er warten musste, bis diese gelbe Flüssigkeit aus Milliarden von Atomen und Keimen und Wundern ihn restlos verlassen hatte. Das war seiner Mutter von den Experten von 1955 wohl so gesagt worden, vom Kinderarzt, und sie hat es ihm gesagt, dem als Stammhalter gedachten Lebewesen, das bald »ich« sagte, die ersten Male noch neben ihr stehend, bis er es konnte, und bis auf den heutigen Tag nicht verlernt hat. Der Kinderarzt von 1955, der noch der Hausarzt war und Zukunftsforscher, hatte es seiner Mutter gesagt: Es verhindere in Zukunft Prostatabeschwerden, wie er es nannte, wenn das Kind rechtzeitig lerne, wie man es mache. Für die unmöglichsten Krankheiten hatten sie schon im Voraus ein Wort.

Das war eine Geschichte aus einem anderen Jahrtausend.

Und hier müsste die Geschichte stehen, wie sie ihm beibrachte, wie man sich anzieht.

Wie sie hereinkam und sagte: »Stay uf buebele.« Das war seine Großmutter aus Niederbronn-les-Baines. Das war der einzige Satz, der ihm von seiner Großmutter geblieben war. Und wie er schon aufstehen konnte. Wie man sich zuerst »abzog«, freimachte von all den Hemden und Unterhemden der Nacht. Und wie man mit seinen Beinen zuerst wieder ins aufrechte Leben zurückfand. Und wie man im Winter seine Sachen nahm vom Stuhl daneben. Wie das Leben kalt war, das Morgenleben.

Wie man zuerst die langen Unterhosen nahm und ganz schnell überstreifte. Aber richtig. Und dann das Unterhemd. Was vorne sein musste und hinten. Was innen und außen. Und dann die Wollsocken. Das karierte Hemd, die Hose, und dann noch die Schuhe, der Wintermantel, die Pelzmütze, die längst gestrickten groben Handschuhe, die Fäustlinge, in denen ganze Händchen verschwanden, der ganze Rest, mit dem er sich durch Nacht und Schnee zum Schulbus aufmachte, wie könnte es anders sein, allein.

»Was hast du heute dazugelernt?« Hatte ihn einst jener Großvater gefragt, der damals genau an jenen Beschwerden litt, noch so ein Wort, das alles sagte und nichts, Beschwerden, die ihm nun vielleicht alle unmittelbar bevorstanden, als er von der Schule nach Hause kam, so sechzehn Jahre alt und eigentlich mit ganz anderen Dingen im Kopf beschäftigt. Da aber der, der fragt, eine Antwort verdient, sagte er:

»Osmose, Beschleunigung, Sozialverhalten, die fünf Bücher Moses. Im Anfang war das Wort.« In dieser Reihenfolge.

Der Heilige Abend war in katholischen Zeiten ja noch ein Fast- und Abstinenztag, so dass erst am Sonntag nach dem

Hochamt zugeschlagen wurde, was die damals noch so genannten leiblichen Genüsse betraf.

Nun lebten sie in einer Zeit, da – außer *O Tannenbaum* – nichts mehr gesungen werden durfte an Liedern der Weihnachtszeit. *O Tannenbaum!* Denn da kam nichts vor, was die religiösen Gefühle der Mitmenschen verletzte. Selbst *Leise rieselt der Schnee* ging nicht, denn in der dritten Strophe tauchte plötzlich das unerwünschte Christkind auf. Und besoffen waren sie auch schon. Noch vor der Bescherung, und dann waren sie ganz bald so zugefressen, dass sie hätten gar nicht mehr singen können.

Es hätte gerade noch zum Mitlallen von *Jingle Bells* gereicht, das mittlerweile auch schon durch *White Christmas* und dieses wiederum durch *Last Christmas* verdrängt war. Schön, dass es in ihrer Muttersprache das Wort »hässlich« nicht gab. Das hieß: »wüst«. Kam wohl von Wüste.

Einst, im Mai, hatte er vor dem Maialtar im elterlichen Schlafzimmer gekniet und vergebens gewartet und eine Erscheinung erzwingen wollen. Und von der Madonna Dinge verlangt!

Die Bekehrung Mao Tse-tungs und sonstige Dinge der Unmöglichkeit. Die Liebe!

Was war die Liebe anderes als eine Unmöglichkeit?

Nun saß dieser Mann am Steuer seines Gebrauchtwagens wie einer, der im Krieg die ganze Zeit nur mit dem Gewehr unterwegs war und keinen Menschen getötet hat, und kehrte auch wieder unverrichteter Dinge vorerst nach Hause zurück.

»Sterben« war durch »Gehen« ersetzt in den Todesanzeigen, die auch nicht mehr so hießen.

Der Tod durfte in ihren Sätzen nicht mehr vorkommen. War ein Wort für die Regionalkrimis.

Tante Elfriede

Erst ganz zuletzt sagte sie »nein«, das heißt »ja«. Und sie nahm, da nichts anderes da war, ein Unkrautvertilgungsmittel. Lieben war ein Tuwort.

Eine Liebesgeschichte, die von da nach dort führte. Das Kind konnte sich keinen Reim machen. Es gab wohl noch eine Frau in seinem Leben. Es verstand die Geheimsprache der Alten nicht, wie sie da redeten. Sie redeten von einer Frau, einem Strick und vom Gift, weil sie das Wort Liebe nicht kannten oder sich einfach nicht in den Mund zu nehmen trauten. Sie zeigten auf das Kind und machten Zeichen hinter seinem Rücken, die es im Spiegel sah. Sie sollten andere Wörter nehmen dafür. Nicht »Frau«, »Gift« oder »Strick« für Liebe, und freilich auch nicht »Liebe«, sondern vielleicht: »dumme Sachen«, »Dummheiten«. Wenn es hochkam: »Weiber«. »Dummheiten« war das Hauptwort für »Liebe« bei ihnen: Das sind eben so Geschichten.

»Sie war halt schwermütig …« Ja.

Eine Dummheit gemacht zu haben bei ihnen, ließ darauf schließen, dass es Liebe war.

2. Gschichten, in denen das Fahren mit dem Sehen zusammenfiel und das Leben mit dem Sterben

Kleines Denkmal
für drei niemals gesehene Onkel

Veteranen reden gerne vom Krieg. So sagte man bei ihm zu Hause, wenn sich alte Männer an ihre Liebe erinnerten. Veteranen reden gerne vom Krieg. Vielleicht sagte man auch in Amerika so.

Aber nur jene, die wenig »mitgemacht« haben, wie sein Großvater noch sagte, redeten gerne. Also sagte er gar nichts. »Mitgemacht.« Das hieß in ihrer Muttersprache, was in der anderen Sprache »erlitten« hieß. Er sprach wenig, weniger, als er ihm hätte sagen können. Vom Krieg gar nichts. Und von der Zeit danach? Es ging ja, nachdem etwas aus war, immer weiter.

Ja, dass er Hunger und Durst hatte. Es war in Saukempten, und Englisch konnte er auch nicht. 1920 kam er zurück und heiratete. Dann kamen die drei Söhne für den nächsten Krieg, und auch die Töchter: bald Schwestern von Gefallenen und Vermissten. Gedichte schrieb er auch noch, als ließe sich das reimen. Was sie miteinander sprachen über die Jahre verteilt, hätte auf zwei Seiten Platz gehabt. Aber ganz am Ende, er starb an Lungenkrebs, einer Krankheit, für die wir keinen anderen Namen haben als Krebs, als würden wir von etwas aufgefressen, sagte er dann doch diesen Satz: »So viel Luft ist auf der Welt. Nur nicht für mich.«

Das Josefle

Es lag in seinem Notbett, hinten, auf dem leichten Bernerwagen, ein Pferd genügte.

Ganz vorne das Ross, das auch einen Namen hatte, und dahinter der Vater und die Mutter, auch der jüngere Bruder. Das Josefle lag da. Wahrscheinlich todkrank und lebensgefährlich ansteckend, Diphtherie, Morbus Krupp. Auf dem Weg ins Krankenhaus, vorbei an der Nothelferkapelle an der Straße von hier nach dort oder unter Gottes freiem Himmel, da, mit der Talmühle zur Linken, fragte er, ob er jetzt sterben müsse. Es war mitten im Krieg. Das Josefle war zehn Jahre alt. Bis dahin immer lustig gewesen. Und konnte Gedichte aufsagen und singen und wie. Bald waren sie in Meßkirch, wo er noch am selben Tag erstickte.

Der Nahkampfspangenträger

Eigentlich wollte er Priester werden. Onkel Antons Bruder, benannt nach dem heiligen Theobald von Maastricht. An der Front war er dann im Osten. Man musste das Weiß im Auge des Feindes gesehen haben, 22 Mal, dann gab es diesen Orden dafür. Irgendwo wird er liegen geblieben sein, in einem Wald oder in einem Keller, auf einem Platz oder in einem See.

Den Orden gab es damals noch. Als Kinder spielten sie mit diesen Sachen, und auch an Karneval liefen sie damit herum, hochdekoriert, EK I, EK II, alles lag mehrfach vergessen in den Schubladen eines weitläufigen Hauses. Die Eltern dieser toten Kinder lebten noch, und niemand schritt gegen sie ein. Sie haben es ja auch nicht gesehen, wie ihre Übernächsten damit spielten und sich verkleideten. Sie waren Kinder, die sich mit fremden Federn schmückten.

Wahrscheinlich ging da auch einmal die Nahkampfspange beim Spielen verloren und blieb auch irgendwo liegen. Was sonst noch auf der Welt losgewesen war, wussten die Kinder nicht.

Onkel Anton

Im selben Jahr wie jener Bruder, der Priester werden wollte, verschwand der andere Onkel ebenso spurlos, irgendwo im Osten, irgendwo anders als sein Bruder, und auch er wurde seither vermisst. Auch von jenen, die diesen Onkel nie gesehen hatten. Schon das Foto genügte. Noch ein schöner Mann. Was heißt schon Mann. Das wurde er wohl nie. Doch darauf kam es nicht an. Was ist das schon gegen diese Geschichte. Auch er war fast noch ein Kindersoldat. Schließlich starb er, wohl 1945, in einem Frühjahr letzter Kriegstage. Um ihn herum vielleicht sogar schon blühende Kastanien. Und was er bis dahin gemacht und mitgemacht und gesehen hatte, möchte ich lieber auch nicht wissen, dachten die Überlebenden und die Nachgeborenen. Noch vor dem 20. Geburtstag war auch er tot.

Das ist gewiss. Oder doch mit an Sicherheit grenzender Wahrscheinlichkeit wahrscheinlich, sagten die Experten.

Ach, die Sprache. Durch das Wort »wahrscheinlich«, das inmitten eines Satzes auftauchen konnte, gab sie ihnen Hoffnung oder nahm sie ihnen wieder. Doch sie war nicht so unerbittlich wie die Experten oder Menschen, die einander »Es ist aus!« sagen.

Seine Mutter hat aber nicht dran glauben wollen und machte eine Wallfahrt nach Altötting. Das war die einzige große Reise ihres Lebens, und sie brachte von da Kerzen mit. Auch den Kindern, mit denen sie dann zu Hause noch viele Rosenkränze betete bis zu ihrem frühen Tod Anfang sechzig, sie hat ja nicht einmal das Rentenalter erreicht, das sogenannte. Ja, es war eine solche Großmutter, die glaubte, die Kinder könnten noch am ehesten bei der Madonna etwas ausrichten, vielleicht sogar eine Auferstehung, ein Wunder. Den Kindern wurde niemals gesagt, warum die Großmutter mit ihrer Schwester nach Altötting gefahren war. Und warum sie dann mit der Großmutter zusammen mit den Kerzen aus Altötting beten mussten.

Aber nun, fast dreimal so alt wie sein Onkel, als der starb, wusste er es. Vom Josefle, der sein späterer Schwager geworden wäre, hat der Onkel, von dem hier die Rede ist, niemals erfahren. Immerhin wurde Onkel Anton fast zwanzig, doppelt so alt wie das Josefle.

Das Kindergrab auf dem Friedhof von H. ist nun auch schon lange aufgegeben.

Nichts vergeht so schnell wie ein tödlicher Schmerz.

Und die anderen hätte es vor Schmerz zerreißen können, dass es sie nicht vor Schmerz zerriss.

Mutter war vierzehn Jahre alt. Gerade gefirmt worden in jener Kirche, die man von dieser Stelle aus sehen konnte, das mächtige Münster, und jenen schönen Turm mit der welschen Haube, der bis zum heutigen Tag nicht eingestürzt ist.

Das alles war an einem schönen, klaren Tag im Sommer. Sie stand auf dem Feld, mit nichts als einer Heugabel, sagte sie, ganz allein und dachte an nichts und wusste von nichts. Da kam ein Tiefflieger, und ein einzelner Mensch, dem sie hätte in die Augen sehen können, versuchte vergebens, sie zu treffen.

Dann wäre diese Geschichte schon an dieser Stelle zu Ende gewesen.

Vater schwamm über die Geschichte durch die Elbe in Richtung Westen, es war an einem Tag Anfang Mai. Er hätte auch ertrinken können. Jetzt wusste er, dass es sich gelohnt hatte, Lebensretter bei der Deutschen Lebensrettungsgesellschaft geworden zu sein, kurz DLRG, der sein Sohn später im Freibad begegnete, wo der schon beinahe am Freischwimmer scheiterte.

Auf der anderen Seite angekommen, glaubte dieser, jener spätere Vater, nun wäre er gerettet. Doch so weit war es noch lange nicht.

Denn diese Geschichte ging vorerst noch etwas anders weiter.

Sommer 1945: Erst zu Fuß durch die Landschaften, unterwegs die Landsitze zwischen Schwerin und Stargard ausgeräumt für die Russen, denn er wusste mit Pferden umzugehen. Kam aus einem Haus mit Staatspreisen für Pferdezucht. Dann ging es im Waggon weiter, bis unweit südlich des nördlichen Polarkreises, Herbst 45.

Und keine zwanzig Jahre später hätte man an genau dieser Stelle der Geschichte, auf der Höhe der Elbbuhnen bei Gorleben, Udo Jürgens aus dem Transistorradio hören können, wie er *Ein Tag wie jeder, ich träum von Liebe* sang. Das war der Anfang von *Siebzehn Jahr, blondes Haar*. Und Menschen hätte man sehen können, die genau davon träumten. Es war eine alte Geschichte, eine Kassette aus dem Transistor.

Dem Menschen in ihm blieb nichts anderes übrig, als sie zu erzählen.

Der Tag begann, die Sonne ging auf wie immer, schien besonders schön an diesem oder jenem Morgen und ging in Richtung Westen, schien auf die Elbe, und von der anderen Seite hätte man es glitzern sehen können. Und an diesem, jenem schönen Tag hätte man auch sehen können, wie ein paar Soldaten in diesem Wasser schwammen, das kalt und schwer sein musste, und ein paar andere, auch Soldaten, versuchten, sie zu erschießen von der Landseite aus. Um so schwimmen zu können, musste einer schon den Lebensretterschein der Deutschen Lebensrettungsgesellschaft haben.

Aber es wäre besser gewesen, an diesem Morgen anderswo zu sein, die Sonne nicht sehen zu müssen, wie sie über der Elbe aufging und über dem Wasser glitzerte.

Sein Vater hatte es mit Glück und mit einem Stoßgebet von zu Hause vielleicht, wer weiß, auf diese Seite geschafft. Der Krieg war vorbei, und der Mensch war frei.

Es hätte ein guter Tag sein können, an dem sich fast alles reimte, zumindest auf jener Seite, die er dann erreichte, überglücklich des Glaubens, wie ein Geretteter.

Amerika ging wie ein Gerücht durchs Auffanglager. Aber dann kam er doch nicht nach Amerika, wie er gehofft hatte, sondern landete schließlich auf unabsehbare Zeit in einem Land, dessen Diktator noch lebte, und als der starb, weinten selbst Menschen, die diesen Mann gar nicht gekannt hatten. Nicht nur Stalinpreisträger. Dieser spätere Vater wurde also der siegreichen Sowjetarmee übergeben, von den Engländern oder Amerikanern, er hätte ihn fragen müssen. So viel steht fest. Immerhin musste er nicht mehr zurückschwimmen. Die Brücken gab es zwar nicht mehr, aber mittlerweile ein Schiff am anderen, ein wenig elbabwärts, so dass man das andere Ufer nun trockenen Fußes erreichte.

Sein Kriegsgewehr hatte er ja längst ins Frühjahrsgras von Lenzen geschmissen, Lenzen an der Elbe, Heimat von Turnvater Jahn! Aber nun musste er noch einmal den Sieg nachstellen und noch einmal ins kalte Wasser springen. Er hätte noch einmal sterben können. Das war eben Krieg. Das war dann das Kriegsende. Der Vater landete in der Russischen Wochenschau. Wie die siegreiche Sowjetarmee dem Feind hinterherschoss und traf. Wie dieser Vater besiegt wurde und den Zweiten Weltkrieg verlor.

Dieser Film war der Beweis. Und so wird es bleiben.

Dieser Vater wird der sein, den man dabei sehen kann, wie er den Zweiten Weltkrieg verliert. So wird er in die Geschichte eingehen, dieser Vater. Als Kanonenfutterstatist für einen Film, der um den 8. Mai herum an der schönen Elbe, unweit von Schnackenburg, drei Kilometer von Gorleben spielt.

Als wäre die tatsächliche Geschichte nur eine Generalprobe gewesen für die Russische Wochenschau, aufgenommen, als der Krieg zu Ende war, zum Glück, schon ein paar Tage, wenigstens hier.

Doch die Geschichte ging weiter. Der Filmtote wurde an Land gezogen. Und dann.

Den Sommer über erst zu Fuß, von Landsitz zu Landsitz, und dann noch in einem Viehwaggon. Er hatte leider nichts zu schreiben bei sich, und die neuesten Meldungen aus dem Ticker gab es auch nicht. Am Ende in Petrosawodsk.

Im ersten Winter starben alle ungeregelt durcheinander. In jenem ersten Winter, der für die Kälte und den Tod zuständig war, musste man nur am richtigen Ort sein. Es starben Männer und Frauen und Kinder, Deutsche und Undeutsche, Kommunisten und Nichtkommunisten, Geflohene und Verschleppte, Nazis und keine Nazis, Gefangene und Aufseher, ja, die Kälte war demokratisch wie der Schnee. Nur unter den Überlebenden ging es nicht so demokratisch zu, es gab Streit um Totenhemden und Totenkittel und manchmal auch Tote.

In jenem Winter war nicht nur er für die Toten zuständig, die zu jener Stelle am Waldrand gefahren werden mussten, nackt, beaufsichtigt dabei von Maschinengewehren und Männern, die auch frieren konnten und erfroren. Und noch bevor sie ganz durchgefroren waren, die tapferen Toten, waren sie schon zum Futter geworden für Lebewesen, die auch etwas zu fressen haben wollten, arme ausgehungerte Wölfe waren es.

»Das ist aus meinen Kameraden geworden, wenn Sie es wissen wollen«, sagte dieser Vater, aber erst ganz am Ende.

Als sie am nächsten Morgen, der Tag für Tag mit einer schallenden Marschmusik vom Band begann: »Guten Morgen, heute ist ein sozialistischer Tag der Arbeit!« – mit den neuesten Toten wieder zu jener Stelle kamen, waren sie oder alles bis auf die Knochen abgefressen. Nur der Schnee war noch etwas rot.

Das war auch ein Lebenszeichen. Auf so etwas hatten sie zu Hause vier Jahre vergebens gewartet, es blühte und blühte, und die Blätter fielen und fielen.

Doch eines Tages im April stand er unverhofft vor der Haustür. Die Bundesrepublik gab es schon. Nun kam auch noch er dazu, »und bald kam auch ich dazu, und es gab mich«, schrieb jener Biograph, der es wissen musste.

Das ist eine Vorgeschichte. Was lernen wir aus ihr?

Die Mutter erzählte, wie der Vater nachts schrie: »Nicht schießen!« – das war ein Albtraum aus dem frühen Dritten Jahrtausend, in der Muttersprache, nicht auf Deutsch. Und wie der Doktor sagte: »Nicht aufwecken!«

Wie er neben ihr im Bett lag und schrie, ein Mann von 86 Jahren, der ihr den Schlaf raubte, das ist schlimmer als Schnarchen, sagte sie. Ja, sagt sie, ihr müsst ihn verstehen, er hat ja sein Leben lang kein Wort über den Krieg verloren. Jetzt kommt er und alles zurück.

Und über die Gefangenschaft im Lager fast schon am Polarkreis hörten sie auch nichts von ihm. »Nicht schießen!« – Wie er schon einmal bei den Toten gelegen hatte, wie dann beim Ausziehen einer gesagt hatte: »Er lebt aber noch!« Und er wieder heruntergenommen worden war. Jeden Morgen wurden sie auf Schlitten hinausgezogen von den Jungs, »Kameraden«, sagten sie noch, und dann am Waldrand abgelegt. Der Boden war ja bis in den Mai hinein gefroren, und die Wölfe wollten auch ihr Futter haben. Das konnte ruhig zweimal gedacht werden, dachte er, der es hörte, und sie vielleicht auch, aber sagten es nicht. Das war das Frühjahr 1946. Zu Hause blühte es schon. Sie hörten zu und sagten nichts, es war am Kachelofen, zu Hause.

Auch diese Mutter kam mit einem Mal ins Schweigen und sagte dann, mit dem Blick auf die geräumige Stube, in der er geboren worden war: »Das müsst ihr verstehen. Er war erst siebzehn. Und zehn Jahre später kam ein anderer aus dem Krieg zurück, jener, dem er sein Leben verdankte, gemacht in den ersten Jahren der Fresswelle.«

Als er dies alles aufschrieb, kam von seinem CD-Player, einem Werbegeschenk der *F. A. Z.*, Edwin Fischer, wie er das *Wohltemperierte Klavier* spielt, aufgenommen in den Abbey Studios, London 1933–36.

Einmal das Dorf hinauf und hinunter, so sind wir unterwegs. Sagte eine Großmutter.

Was weiß ich schon von der Welt. Ich habe es doch nur vom Unterdorf ins Oberdorf geschafft. Das war alles. Und doch. Wenn sie über ihr Leben nachdachte, sagte sie, falle ihr ein, dass es vor allem kurz war, so kurz wie einmal das Dorf hinauf und hinunter. Und schmerzlich. So sagte man bei ihnen zu Hause.

Ein anderes Mal zeigte sie ihm den ersten Regenbogen und zitierte dazu einen Bibelvers, jenes Wort Gottes vom Frieden unter den Menschen auf Erden aus dem Alten Testament. Von der Versöhnung von Himmel und Erde, am Tag nachdem Noah die Arche verlassen hatte. Ach, so. Dann zog die Karawane weiter.

Und von jenen Dingen erzählte sie ihm, von denen mancher Mensch ein Leben lang träumte.

Und auf ihre Kinder wartete sie auch noch, vergebens.

In alle Himmelsrichtungen hatte sie ihre Linzer Torten geschickt, ihre Feldpostpäckchen, und dann ihre Gebete.

Nie kamen sie aus dem Krieg zurück, bis auf einen. Auch nicht, als sie schon tot war.

Seine Großmutter hatte auch Angst vor den Tieffliegern. Mein Gott, das war dann 1960, sie standen mitten auf jenem Feld, das von einer schönen Zeile Gravensteiner begrenzt wurde, Gewann »Hintere Weiden«, und dahinter konnten wir den Säntis sehen. Das war unweit des Waldes hinter Mottschieß.

Da kam ein Flugzeug, das ihren Schutz übte, indem es sie als feindliches Ziel nahm. Dieses Mal kamen sie als Freunde. Aber die Großmutter konnte dies nicht wissen. An sich war sie kein Hasenherz. In jenem Wald, den man auch sehen konnte, waren Atombomben untergebracht, wie man munkelte, was für ein Wort: munkeln, lange nicht gehört, aber damals munkelte man, dass im Wald bei Mottschieß, so hieß der Ort, Atombomben vergraben waren.

Fraternisieren war eigentlich verboten. Und doch gab es bald Kinder der Liebe, und Helga zog mit Steve nach Amerika.

Seine Großmutter und er hätten noch einmal abgeschossen werden können, das heißt, sie wären explodiert, denn die Wissenschaft hatte in den vergangenen fünfzehn Jahren noch einmal gewaltige Fortschritte gemacht. Die Qualität der Waffen und ihre Treffsicherheit waren fast bis zur Perfektion gediehen. Unten am See wurde in alle Welt exportiert, militärisches Hightech, und jene, die davon lebten, sangen am Heiligen Abend auch hier *Stille Nacht* und wurden einmal im Jahr sentimental, und mittlerweile gab es neue Feinde, so dass auch geübt werden musste, besonders im Sommer, wenn es schön war und man alles sah, also Sichtflug möglich war.

Die Großmutter aber wäre beinahe gestorben aus Angst, all dies, was kaum her war, noch einmal zu erleben, noch einmal zu erleben, wie es wohl war, zu sterben, diese Angst, und riss ihn mit, unter den nächstbesten Apfelbaum.

Dann ging das Leben weiter, aber nicht sofort. Man konnte auf Sekunden noch etwas hören, als wäre es verhallender Donner. Sehen konnte man auch etwas.

Das hätte er bei den Kondensstreifen am Himmel seiner Kindheit schwören können.

Bald nach der Fresswelle

Noch ein Onkel hieß Anton. Er war nach dem Krieg noch da. Er war eigentlich gar kein Onkel, sondern der Mann, der nach dem Krieg die Tante heiratete, der Nachbar, und zusammen mit Onkel Anton Räuber und Polente gespielt hatte. Sie spielten alles, außer Krieg. Die Orden waren für den Karneval und sonstige Spiele das Jahr über und gingen irgendwann verloren.

Einst war ein Wort voller Heimweh, und bald sah er sich mit den Eltern, Geschwistern und dem noch ledigen Onkel Anton auf dieser Terrasse stehen, die damals viel größer und viel kleiner war, je nach Perspektive. Onkel Anton hatte schon ein Auto und eine Braut und war auch ein schöner Mann, fast zwei Zentner groß. Damals verlobte man sich noch und heiratete oftmals erst, als die Liebe schon verflogen war.

In der Herrgottsfrühe seines Lebens war Anton noch Motorrad gefahren, hatte Freundinnen besucht und mit ihnen Spritztouren gemacht, war in der Gegend herumgefahren, und alle, die es sahen, wie sie auf dem Motorrad an ihnen vorbeifuhren, dachten, es sei nur das Vorspiel. Und die zwei, die auf dem Motorrad fuhren, dachten es auch. Als wäre es ein Vorspiel gewesen, dieses Herumfahren, dabei war es doch der Höhepunkt.

Es war die Zeit vor dem Leben im Sicherheitsgurt. Manchmal wurde er von diesem Onkel im Kindergarten abgeholt und saß mit bloßen Händen auf dem Motorrad, und die Kindergartenschwester winkte. Nur zurückwinken konnte Roland damals nicht, denn dann wäre er vielleicht doch von diesem Motorrad heruntergefallen.

Damals waren sie alle zusammen, die Welt war noch vollständig. Diese Welt war groß. Sie bestand, ihn mitgerechnet, kaum aus zehn Menschen, aber sie war vollständig und rund. Er vermisste noch keinen. Er war noch ganz ohne Angst unterwegs.

Einmal im Jahr machten sie einen Ausflug. Mit einem später kaum jemals mehr sich wieder einstellenden Verlangen, mit einer kindlichen Lebenslust ohnegleichen im Bauch waren sie alle zusammen losgefahren, geradewegs auf die Aussichtsterrasse zu, zwei Autos, und beide voll. Er saß in der ersten Limousine, Opel Kapitän, und winkte und grimassierte während der Fahrt nach hinten, als wäre es die hinterste Reihe im Bus auf der Fahrt ins Landschulheim, streckte aus Übermut die Zunge heraus und zeigte die Zähne.

Die Frauen und Kinder ließen sich überraschen, wohin sie der Tag führte, die Männer hatten am Abend vorher schon die Karte studiert, als wären sie nun die führenden Köpfe im Generalstab und müssten ein Manöver planen, dabei war es ein Ausflug. Und zu den Höhepunkten für die Kinder zählte damals vielleicht das Eis am Stiel und die anderen Süßigkeiten und die davonfliegenden Maschinen, bald waren es Düsenjets 707, ohrenbetäubend schnell, längst Oldtimer, wenn nicht verschrottet oder abgestürzt.

Dann waren sie in Kloten.

Auf der Aussichtsterrasse eines damals fast noch jungfräulich daliegenden Flugplatzes. Sie erhob sich im Freien, nichts als ein solides Holzgerüst, mit einem Fernrohr, das gar nicht nötig gewesen wäre. Denn das Flugzeug stand ja in seiner Ruheposition direkt vor ihnen auf dem Rollfeld, und man sah die Passagiere noch mit den Koffern in der Hand aus der Maschine herauskommen, nur die wichtigsten hatten einen Gepäckträger, der die Sachen gleich im Gepäckraum holte.

Die Ausflügler standen auf der Tribüne, als warteten sie auf den Onkel aus Amerika und winkten, und auch die Ankommenden winkten zur Tribüne hinauf, als hätten sie sich schon entdeckt und würden einander gleich in die Arme fallen.

Alle, die aus diesem Flugzeug herauskamen oder die Rolltreppe hinaufgingen, waren wichtige Personen, die früher oder später aus der Geschichte verschwanden, ob sie winkten oder nicht. Einmal aber hatten sie ihren Auftritt für alle, die auf der Aussichtsterrasse standen. Die Ausflügler warteten auch noch die Passagiere ab, die bald zustiegen, während schon getankt wurde, es war ja nur ein Zwischenstopp, und bald flog die Maschine weiter. Und alle, die zurückblieben, winkten damals noch. Und das Davonfliegen war für den Zuschauer noch schöner als das Landen. Es war noch ein feierlicherer Augenblick, als die Triebwerke immer schneller rotierten, und er hatte noch im Ohr, wie es klang, nach New York zu fliegen.

Sie hatten sich mit ihren Augen und gegen Eintritt auf die Plattform gestellt, und da sah er das erste Mal, wie es war, wegzufliegen und wiederzukommen.

»New York machen wir das nächste Mal!«

Die Fahrer, die Väter und Onkel tranken ein Bier nach dem anderen. Und dann ging es weiter. Und die Frauen und Kinder saßen daneben in ihrem Opel Kapitän, der die Kolonne anführte, gefolgt von einem Opel Rekord und einem Ford Taunus, also war die Hierarchie streng eingehalten. Diese Aussichtsterrasse mit einem Eis- und Biermann, der aus seinen Behältnissen heraus seine Sachen anbot wie später an einem der Traumstrände, war ja nur eine erste Eis- und Bierstation, bevor man sich gestärkt in die Berge aufmachte.

Von dort, von ganz oben, wohin man noch mit Hilfe einer Gondel gelangt war, erblickte Roland die Südseite des

Lebens. Es war das erste Mal. Da hinten musste das Meer sein. Zu Hause erzählten sie dann den Nachbarskindern, bis ans Meer habe man sehen können, als wäre dies, der Süden und das Meer, was unten lag, schon damals das Höchste gewesen. Als wäre es das, wo ein Mensch eigentlich hingehörte. Und dann fuhren sie über den Klausenpass wieder nach Hause.

Dort galt das Bier damals noch als Stärkungsmittel, das es auf Rezept gab, und wurde gerade den Schwangeren, die sich dagegen sträubten, verabreicht. Und nachdem das Kind geboren war, hat die Mutter auf Anordnung von Dr. Meyer-König noch ein Vierteljahr Nährbier trinken müssen, das von Hackerbräu München ins Haus kam. Dem Mann gefiel es.

Es war im Winter vom Schmittenbühl herunter, auf dem zuoberst der Friedhof mit allen seinen Toten lag, mit dem Denkmal für die Gefallenen und Vermissten, auf dem die Kinder lesen lernen konnten, die Namen der Toten von der Vater- und von der Mutterseite.

Und die noch freien Plätze, wo irgendwann vielleicht schon bald diejenigen dazukommen würden, welchen die Kinder »Guten Tag!« sagten im Vorbeigehen, wie sie es gelernt hatten, sahen die sie auch mit einem gewissen Schaudern, ja, es war ein Kinderschaudern. Es waren Dinge, die ganz weit weg und ganz nah waren.

Der Friedhof würde sich langsam füllen mit ihren Jahren, dazukommen würden die Liebsten; und mittlerweile waren sie schon fast vollzählig, waren seine Menschen dort oben versammelt, von wo er einst mit dem Schlitten heruntersang, auf dem Schlitten den Schmittenbühl hinunter. *Ich bin nur ein armer Wandergesell.* Das hatte er im Blauen Bock gehört, Rudolf Schock sang es, der unerreichbare Liebling der Mutter, die aber mit dem Vater vorliebnehmen musste, mit einem, dessen Albträumen als Gegengift die Fresswelle folgte. Damals wollte er es Rudolf Schock nachtun. Er sang wie Rudolf Schock, so dass man es unten im Tal hören konnte, diese Stimme eines singenden Wanderers vom Friedhof herunter.

»Was ist denn das für ein Kind?« Hatten sich schon früh die Nachbarn gefragt, die dies gar nichts anging. Bei ihrem Geiz. Sie verschwendeten zu viele Gedanken auf ihn.

Der Gedanke an den Tod war schon fast zu einem Bruder geworden, der »Komm, gehen wir« sagte an Allerseelen.

Die Tante war auch schon tot. Der Onkel war für sie nicht der Richtige gewesen, und die Tante war es wohl auch nicht für ihn.

Es gab Menschen, von denen wüsste er kaum noch etwas, hätten sie nur gelebt und hätten sie sich nicht aus Liebe, die stärker als der Tod war, das Leben genommen. Das war vielleicht ein letzter Beweis, dass es die Liebe gegeben haben muss. Dachte sich Roland zu dieser Geschichte. Das war noch eine Liebesgeschichte, die letzte von diesen hier und die erste in seinem Leben.

Und sie wäre längst vergessen, hätte nicht ein Kind, das er doch gewesen war, alles gehört und aufgesogen, hellhörig wie nie wieder, auch wenn er sich immer wieder schlafend stellte und ständig fragte und drängte: »Wann gehen wir?«

Jede Einzelheit hatte Roland sich gemerkt, wie er eines Sonntagnachmittags hörte, wie sie schäumte, die unglückliche Nachbarin, wie sie es sahen vom Sonntagsfenster aus, wie sie hinausgetragen wurde von den Maltesern, als lebte sie noch. Und bald darauf hatten sie dann kein anderes Thema mehr als die Nachbarin, wie sie erst nach Tagen gefunden im obersten und hintersten Winkel unter dem Dach, hinter dem alten Heu, wie sie da hing, neben der

Katze, die ihre Jungen dort gebar, wie es klang, als ihr Leib auf Holz fiel, den leeren Heuboden, wie ein Kartoffelsack, sagten jene, die nicht dabei gewesen waren.

Alles kam ihm nun wieder, ohne irgendeine vernünftige Reihenfolge einzuhalten, so wie das Leben, von dem bekannt ist, wie es ausgeht.

All dies hatte er in der sonntagnachmittäglichen Stube gehört neben dem Wunschkonzert her, und von da kam es direkt auf die kindliche Festplatte. Das war in den Jahren, als Hans Moser jeden Sonntagnachmittag noch *Wenn der Herrgott nöt wüll, nutzt es goar nix* sang im Wunschkonzert von Radio Vorarlberg.

»Wann gehen wir?«, war die Hauptfrage eines Kindes, das anderswo sein wollte.

Der Onkel und seine Frau waren nun beide tot. Und die Nachbarin auch.

Erst seine Frau. Sie hatte sich zuerst das hinterste Zimmer ausgedacht, die Räucherkammer, ganz oben, wo sie keiner vermutete, so weit war ihre Liebe gegangen, sich dann aber für den Heustock entschieden. Sie wollte in der Nähe der Lebenden sein und wusste, dass ihre Katze da ihre Jungen versteckt hatte.

Der Onkel fuhr ein paar Jahre später, bei vollem Bewusstsein, mit dem Motorrad gegen einen Baum, den die Straßenmeisterei dann fällen musste. Als müsste auch er noch mit dem Tode bestraft werden.

»Da hat er sich den Tod geholt.« Sagten die Überlebenden. Bäume gab es genug.

So weit war er noch lange nicht, gerade noch in der 48. Reihe der 747 am Fenster, und er musste während des Flugs über den Ozean, wovon der Kinderarzt noch keine Vorstellung gehabt hatte, kein einziges Mal aufstehen und sich zu jenem Spülungsgeräusch aufmachen, wollte aber für die Zukunft keine der Möglichkeiten ausschließen, die dazu führen würden, dass am Ende der Tod auch eine Erlösung sein könnte. Auf dem Monitor war zu sehen, dass sie bald in Amerika waren. Er hätte auch zum Fenster hinausschauen können.

Es kam immer wieder vor, dass sich etwas wie Glück auf seiner deutschen Gänsehaut abzeichnete. – Das heißt, das Wort, das im Augenblick nach dieser Empfindung und diesem Phänomen, mit dem unschönen Wort Gänsehaut bedacht, in seinem Kopf (näher bestimmen konnte er den Ort nicht) auftauchte und wieder verschwand.

Ach, das Glück, es war ihm näher als seine Halsschlagader. Wo genau es war, konnte er auch nicht sagen. Irgendwie fiel es mit dem Leben zusammen, noch etwas schneller vorüber als es.

3. Der Mensch ist kein Baum und hat auch keine Wurzeln

Nachrichten aus der Gegend gleich hinter dem Schwackenreuter Wäldchen

Kaum hinter dem Schwackenreuter Wäldchen staunten wir über die Größe der Welt.

»Das ist unser Fudschijama!« Sagten sie ihren Gästen aus Amerika und zeigten in Richtung Säntis.

Diese Geschichte spielte im Freien. Und in Häusern.

In Häusern, die so kalt waren, dass der Mensch nicht über den 90. Psalm hinauskam.

Es gab Menschen, die sangen noch. Sie sangen: *Wir lieben die Stürme.* Auch das Meer kannten sie vom Fernsehen.

Alles fror, die Blumen und sie, die Menschen, auch. Die Forsythien waren immer nur eine Erinnerung daran, dass es kalt, dass es nicht Frühjahr war.

Oberschwäbische Seelen

Wenn er damals krank war und nicht hinauskonnte, bettelte er: »Mach mir eine Seele, Großmama.« Seelen waren etwas zum Essen, damals, zu Hause oder wie das hieß.

Die ersten Jahre und Tage seiner Geschichte wüsste sie auch, gewiss, im Gegensatz zu ihm, der immer nur vom Dreirad fiel und sie herbeischrie. Auf diesen Menschen war Verlass, ein Kinderleben lang. Doch dann starb sie.

Sonntagspredigt

Eigentlich sollte er zum Evangelium des Tages etwas sagen:

»Es war auf dem Weg von Jericho nach Jerusalem. Da sah Jesus zwei Blinde. Sie schrien auf ihn ein: ›Herr!!‹ – immer mehr. Und die anderen ärgerten sich über diese beiden Schreihälse. ›Haltet endlich euer Maul!‹ Ließen sie diese Blinden wissen.

Das sah und hörte Jesus, er hatte Mitleid mit ihnen. Und er fragte sie:

›Was wollt ihr denn?‹ – ›Wir wollen sehen!‹ – Da sah Jesus zum Himmel auf und schloss die Augen. Das Wunder geschah. Sie sahen.«

So einfach war das. Der Prediger hatte nun aber dieses Wunder am Hals. Das war etwas für Verrückte und Kinder. Ja, Jesus hatte nicht einmal Abitur, im Gegensatz zum Prediger und einigen seiner Zuhörer. Also verzichtete er auf das Evangelium und begann so:

»Neulich hörte ich folgende Geschichte: ›Zwei Männer sind mit einem Klavier unterwegs in einem Haus ohne Aufzug. Im zehnten Stock angekommen, sagt der eine: Ich habe eine gute Nachricht und eine schlechte, die gute zuerst: Wir sind auf der richtigen Etage!‹ Liebe Zuhörerinnen und Zuhörer, so mögen wir uns manchmal auch vorkommen!«

Unter seinen Zuhörern saßen aber immer noch Kinder und Leute, die noch nie in einem zehnten Stock gewesen waren, noch nie in einem Aufzug gefahren waren, und Klavier spielen konnten sie auch nicht. Und was es hieß, ein Klavier in den zehnten Stock zu schleppen, schon gar nicht. Und das Wort »neulich« gab es in ihrer Sprache auch nicht.

Aber ein Wunder hätten sie vielleicht verstanden. Und auf so etwas gewartet ganz gewiss.

Umzugs-Satz

Ach, Glück.

Als wäre es ein Zitat.

Gerade schaute er zum Fenster hinaus und sah gegenüber, wie die Umzugsfirma das Foto von Frau Madefski, ein Flüchtling, von der Wand nahm.

Der Mann, auch Flüchtling, ließ sich scheiden, nahm seine Sachen, außer dem Foto, und ging. Er wusste schon ein neues Plumeau. Ab morgen lebte er in Meßkirch weiter.

Auf dem Balkon lachende Kartonisten, Arbeiter und Menschen, auf Zigarettenpause. Das tat weh.

Der Mensch war schmerzscheu. Immer wieder musste man ihn einschläfern.

Sonnenaufgang und Sonnenuntergang waren ihm am Ende nichts mehr als eine optische Täuschung.

Ulla

»Ideen aus Stroh«. So hieß der Wettbewerb der Lokalzeitung zur Verschönerung der Adventszeit. Sie machten auch mit. »Das hat man jetzt«, sagte Ulla, die in Trendfragen führend war. Das erinnerte sie kurz an ihre Tante, nach der sie getauft war und die als Patin eigentlich für sie zuständig gewesen wäre im Leben. Später lebte die in Oklahoma in einem schönen Trailer. Oder in Idaho. Wahrscheinlich in Oklahoma. Was ist das schon in Amerika. Ganz gegen den Trend in Oklahoma, die Liebe hatte sie dorthin entführt, im Schlepptau eines amerikanischen Besatzungssoldaten, und sie verlagerte ihr Leben, von der Rheinebene auf irgendeinen Frontporch im Wilden Westen, zunächst wo die Sonne an der gleichen Stelle unterging wie immer, und behielt ihre Eigenheiten, Vorlieben und Vorurteile, die sie nun schon lange zumeist über Satelliten-TV auffrischte, ihren Glauben und ihren Irrglauben, den sie aus Astro-TV bezog. Auch hatte sie eine langjährige ästhetische Schulung durch den Schmuckkanal erfahren. Und war Anhängerin einer Kirche, deren Dogma es war, dass der Mensch nicht auf dem Mond gelandet war, denn die Erde war eine Scheibe. Und dass Obama ein Moslem war, hätte sie auch geglaubt. Aber so weit kam es nicht mehr.

Tante Erika behauptete, sie könne mit Gewissheit sagen, die Ulla sei nun auch tot.

Viel mehr wusste sie aber nicht.

Lebenslänglich für Meßkircherin

Sie hatte ihren Ehemann (Sizilianer) unter dem Vorwand, sie werde sich »jetzt« umbringen, in die Wohnung gelockt, mit Spiritus angezündet und sich nicht umgebracht, sondern ihn. Und nachher sich herausreden, dass es ein Unfall war?

Urteil: Lebenslänglich. Lebt sie noch?

Ilse Armbruster

Sie hatte ja schon vieles versucht, verzweifelt und »tapfer«, wie man damals noch sagte: Eheberatung, Avon-Beraterin. Lange fuhr sie mit einem kleinen Lastwagen herum, auf dem »Schaumann bringt Erfolg im Stall« zu lesen war, und im Sommer war es zu heiß und im Winter zu kalt.

Es war genau in der Zeit, als auf dem Wagen von Elektro Meyer »Meyer kommt sofort!« zu lesen war, und alle lachten, außer ihm. Das war in der Kaugummizeit seines Lebens.

So verrichtete sie ihren Wiegedienst, die Schaumann-Schweine-Diät immer sehr gewissenhaft, obwohl sie dazu eigentlich nicht geboren war, von Stall zu Stall zu fahren mit Schaumann bringt Erfolg im Stall.

Er sah sie noch, korpulent und in einem Gewand, das er für sehr vornehm hielt, eine Art Kostüm, das die Oberweite herausstellte.

Und über allem passend zu diesem Kleid in Rosarot und dem darüber Weiß in Weiß gestreiften Saumantel, als wäre es ein Ärztekittel, diese Lippen.

Zum ersten Mal hatte er diese geschminkten Lippen gesehen, vielleicht von Avon. Viel zu schade für Avon und den Saustall.

Aber das alles konnte er nicht mehr herausbringen. Nicht einmal ihr damaliges Alter. Er hatte sie für alt gehalten, als hätte sie schon abgedankt. Dabei war sie wohl noch nicht einmal vierzig gewesen und hatte ein Verhältnis (um diesem seltsamen Wort auch einmal die Ehre zu geben) mit dem Fahrer von Schaumann-bringt-Erfolg-im-Stall gehabt, an den er sich überhaupt nicht erinnern konnte. Aber wenn sie zu ihnen kam, war sie ganz offiziell. Oder war es mit dem Herrn Eiermann von den Bienen?

Frau Armbruster schrieb die neuesten Zahlen auf – alle vier Wochen wurde gewogen. Als wäre es ein wissenschaftliches Experiment. Feldforschung – und war es ja auch. Vielleicht waren sie sogar mit Tübingen in Verbindung oder mit Hohenheim. Sprach hochdeutsch. Das war damals, in der Gegend, in der er sein erstes Leben verbrachte, die erste Fremdsprache. Oder sie war Flüchtling und konnte nichts anderes als diese Fremdsprache. Oder sie wollte es so, einfach fein sein. Vielleicht war sie am Ende doch eine Professorin aus Hohenheim.

Die Friseuse

Ihr Vater war lange tot. Und sie war immer noch im Kirchenchor.

Sie fragte ihn einst, was ein Dildo war. Das war kurz vor der Jahrtausendwende, noch im zwanzigsten Jahrhundert. Und sagte damals noch: »Mich fickt der Schuh.«

Das klang in ihrer Sprache schöner: »Me figgad da Schua.« Das war kein Chinesisch, sondern die Muttersprache. Die Sprachwissenschaftler sagten: »Spätes Althochdeutsch.«

Keine zehn Jahre später fragte sie ihn, was das für ein Dildo war, schon fast auf Hochdeutsch. Sie war auf der Sexmesse in Friedrichshafen gewesen und konnte nun unverhohlen mit ihm über alles sprechen. Sie hatte nun Wörter wie »dreilochbegehbar« in ihrem Wortschatz, als wäre das das Selbstverständlichste von der Welt. Ihr Vater hatte noch eine der vier Stangen des Himmels bei der Fronleichnamsprozession getragen. Es war der Himmel, ja, damals gab es den Himmel noch. Er hat ihn mit eigenen Augen gesehen. Auch das kann er schwören, bei den weißblauen Wolken über ihm, bei den Augen seiner Kindheit.

Hilfsmotor

Einige der Träume ließen sich am heimischen Badesee realisieren. Wo er mit Hilfsmotor hingelangte. Daher spielte das Wort »Hilfsmotor« jahrelang eine Hauptrolle in seinem Kopf, bis es so weit war. Wärme, Wasser und Licht genügten eigentlich für alles, wie schon zu Zeiten der Mädchen vom Immenhof mit Heidi Brühl als der ersten Liebe.

Damals wollte man also noch braun werden. Vom Ozonloch und chagrin d'amour wussten sie noch nichts. Und alle, die sich Delial oder sonst einen Sonnenverstärker nicht leisten konnten, mussten also am heimischen Baggersee auf die Sonnencreme verzichten und hatten kein Hilfsmittel, mit dem es schneller ging, und lagen sich so ganz ohne alles in ihren Armen und Augen. Tagsüber waren die anderen ohnehin arbeiten. Es gab noch keinen einzigen Arbeitslosen, und das Arbeitsleben begann, von faulen Studenten abgesehen, mit vierzehn. Also blieb nur der Abend und die Nacht, wo sich aus dem Waldweiher heraus das Weiße vom Schwarzen abhob wie in einem Eichendorff-Gedicht im Mondlicht.

Und später, nach dem endgültigen Führerscheinentzug, abermals ein Leben auf dem Fahrrad mit Hilfsmotor. So sah man ihn durch die Nacht in den Adler nach Rauschach fahren, der nun auch abgerissen ist. Es blieb nicht mal ein Loch. Die Polizei fand Blutspuren und Samenreste.

Als er seine Mutter beim Abendessen anschaute, sagte sie ihm mit ihrem Blick:

»So ist es eben!« Sie hatte bemerkt, wie er sie ansah, ihre schönen Falten, die sie nur vom Spiegel kannte, und was sonst noch in so ein Gesicht geschrieben ist.

Einen Tag zuvor ließ er ganz laut die Rudi-Schuricke-CD laufen, so dass sie es im Garten bei der Arbeit hören konnte, ihr zuliebe, während er an *Mein Leben* schrieb. Sagte dann: Alles habe ich gekannt: »Komm zurück« – und dann »Hoch drob'n auf dem Berg« – die jungen Männer, die mit ihren

Motorrädern auf und ab fuhren, an ihrem Haus vorbei, weil sie ja am Berg wohnten. Und ihr Vater habe gesagt: »Jetzt reicht's!«

Wie von der Berliner Mauer nur ein paar Betonplatten, so blieb von ihrem früheren Leben nur »J'attendrai« und von dem Leben ihrer Familie, die Nesensohn hieß, nur ein Futtertrog übrig, von den Jahrhunderten, den sie in den Garten stellten, als wäre es moderne Kunst.

So sah es nun bei ihnen zu Hause aus, in ihrem parkähnlichen Gelände, wo früher die Ställe und Schuppen für die Maschinen standen und das Leben war.

Von Jim und Rosemarie blieb, dass sie noch lebten. Von Jim, dass er fortblieb. Von Roland, dass er immer wieder so dastand, als dächte er nach.

Aber es sah nur so aus, dass er dachte. Und was blieb sonst noch vom Leben im Himmelreich?

Was blieb? Der nicht mehr geleerte Postkasten. Die leerstehende Viehwaage. Das übriggebliebene Molkereihäuschen. Der umgebaute Farrenstall. Das für immer verlassene Schulhaus mit dem Leichenwagen noch aus der Zeit der Landwirtschaft unter demselben Dach. Nur die schrittweisen Pferde fehlten nun: »Denk es, o Seele!«

Und dann noch das Wirtshaus, in dem der übriggebliebene Mensch den Tod und die Liebe hinunterspülen konnte, als ginge es immer so weiter und das Leben wäre ein Fass ohne Boden.

Dass ihr Sohn am Ende ihres Lebens noch auf Trennkost umstellte, tat seiner Mutter weh. Wollte ihr Essen nicht mehr. Also all die schönen Essen, die sie ihm zubereitet hatte, für ungültig erklären, für falsch, ja, dass ihr Kochen und Leben ein Fehler war? Und aus den schönen Erinnerungen an die Leibspeisen, an die gefüllten Rouladen und kunstvollen Torten blieb nichts außer einem Bedauern, davon fett und krank geworden zu sein und alles falsch gemacht zu haben?

Trennkost, damit er nicht mehr sagen musste: ein paar Sekunden Lust auf der Zunge und dann ein Leben lang es büßen um die Hüften herum, wie Tante Mausi?

»Daraus könnte ein ganzes Buch werden!«, sagte sie immer dann, wenn sie nicht mehr weiterwusste.

Doch keiner sagte mehr: »Ich weiß nicht.« Nur noch einer. Wenn er sich an den Schreibtisch setzte, musste er sich erst einmal sagen: »Ich weiß nicht … muss erst einmal überlegen.«

Bevor der Mensch geboren wurde, war er noch unsterblich.

Und dieser Schriftsteller war einer vielleicht, der sich sagen musste, dass er von seiner Kindheit immer nur schwarzweiß träumte. Aber träumte.

Das Testbild erregte sie

Die ersten Jahre seines Lebens lebte er an einem Stück im Schwarzwald, auf einer Höhe etwa tausend Meter über dem Meer, das er erst mit neunzehn Jahren das erste Mal sah. Immerhin. Denn seine Großmutter sah das Meer überhaupt nie mit eigenen Augen. Bis zum Tag, als ihr jüngster Sohn das SABA-Gerät von Elektro Fecht gleich neben dem Herrgottswinkel aufstellte. Da sah seine Großmutter zum ersten Mal eines Abends das Meer, allerdings schwarzweiß, als Frau von 81 Jahren. Und ihr Herz reimte sich auf ihren Schmerz.

In der ersten Zeit wurde das neue Ding wie ein Kind, ja wie ein Schatz gehütet und mit einem dicken Überwurf aus Samt zugedeckt. Andere sagen aber auch, weil die Großmutter nicht sehen wollte. Als wollte sie es ersticken. Die einen sagen, weil es ihr nicht gefiel, die anderen glauben, die Großmutter habe Angst gehabt wie vor einem Monster, das mitten in ihr Leben hineingestellt worden war.

Für die Kinder war so ein Fernseher jedoch derart aufregend, dass sie sogar noch vor dem Testbild saßen, manch Alte auch, der Mensch ist verschieden.

Den Bodensee hatte er auch erst mit fünfzehn gesehen. Es war noch in der Schwarzweißzeit.

Als er einmal weiß und hellrosa blühende Bäume in der Märklineisenbahn stehen sah, fragte er: »Warum haben die Bäume eine so komische Farbe?«

Einen blühenden Obstbaum gesehen hatte er auch noch nicht.

Sonntagnachmittag

»Lumumba springt von Ast zu Ast«, hatte es dann im Trickfilm in der Kinderstunde geheißen, und im nächsten Film dieses langen, kurzen Sonntagnachmittags, der erst mit *Bonanza* zu Ende ging, war es bald auch schon wieder Weihnachten im Fernsehen, und Ingeborg Hallstein sang *Bist du bei mir …*, ja, jeder war gemeint, und schielte auf eine göttliche Weise dazu, als schaute sie überall hin, und entzückte auf der anderen Seite des Bildschirms dafür empfängliche Herren, die noch einen Sonntagsstaat kannten und das Wort Sonntagsbraten, und dabei an etwas anderes dachten als ihre Kinder. *Bist du bei mir* – Mon Dieu –, wie sollte er diese Melodie aus dem Notenbüchlein der Anna Magdalena Bach fortsetzen?

Und bald schneite es, und sie kamen auf diesem Weg nicht mehr zurück.

An einem einzigen Fernsehnachmittag kamen noch alle Jahreszeiten zusammen, es blühte schwarzweiß, und auch alle Kontinente waren noch vertreten: Für jede Sehnsucht gab es mindestens einen. Sonst wäre es nicht auszuhalten gewesen, drinnen die verhangenen Gesichter der Älteren und draußen das Sonntagnachmittagsgrau.

Sein erster Brieffreund

Vielleicht war es doch ungeschickt, den Brieffreund in Belfast gleich im ersten Brief, dazu noch in einem wahrscheinlich fehlerhaften, vielleicht sogar unverständlichen Englisch wissen zu lassen, man sei in seiner Gegend sehr katholisch, als wäre dies ein Hobby.

Und dass er mit dem Gedanken spielte oder kokettierte, schon darüber nachgedacht zu haben, vielleicht Priester werden zu wollen: So künstlich war sein Englisch.

Das Kind wunderte sich, dass keine Antwort kam.

Also schickte es einen zweiten Brief hinterher. Auf eine Antwort wartete Roland noch Jahre, als hätte es sich um eine Flaschenpost gehandelt, die ihre Zeit bräuchte. Wer weiß, vielleicht würde er eines Tages, in fünfzig Jahren, von dort Post bekommen mit dem Wort »Sorry« als Ausgangspunkt:

»Hi Roland! Sorry – Entschuldige, dass ich Deine zwei lieben Briefe erst heute beantworte. Sie waren hinter die Kommode gefallen und … Ich bin seit zehn Jahren in Rente, habe 42 auf dem Vermessungsamt in Belfast gearbeitet, die Kinder sind aus dem Haus, und habe nun viel Zeit … Es wird Zeit, dass wir uns kennenlernen … Dorothy und ich würden Dich gerne für zwei, drei Wochen im Schwarzwald besuchen.«

Also war Rolands Argwohn, es könnten seine Buhlbriefe um Freundschaft in ein Haus des Oranier-Ordens geraten sein, und ein fanatischer Protestant von dreizehn Jahren hätte das katholische Bekennerschreiben sofort in die Toilette geschmissen, wie er vorerst noch anzunehmen allen Grund hatte, umsonst.

Gestern

wurde die Erstgeborene 55. Ihre Eltern saßen noch am Geburtstagstisch herum. Der Schwager tat sich auf dem Traktor als Held der Arbeit wichtig, Kaffee und Kuchen eine Weibersache. Der Vater erzählte dann die Rettung von Vogeler Eugen auf dem Weg in die Gefangenschaft. Wie er ihm verboten hatte, Wasser zu trinken und ihm so das Leben gerettet hatte.

Eugen war erst siebzehn und gar nicht im Krieg gewesen. Immerhin kehrte Eugen aus der Gefangenschaft zurück, wie dieser Vater auch. Beide verband, dass sie keine Rente bekamen, dafür starb der eine, noch bevor ihm eines seiner Kinder sagen konnte, es wolle aber diese Geschichte nicht hören. Das war Eugen erspart geblieben.

Der altgewordene Vater wollte weitererzählen, verwandte vielleicht einmal zu viel das Wort »mitgemacht«, und noch bevor er seine Geschichte zu Ende erzählt hatte, waren seine Kuchenweiber, was in seiner Sprache ein Kompliment war, wieder bei einem anderen Thema. Die Frauen am Tisch: die Frau und die zwei Töchter. Sie wollten das kein einziges Mal hören. Immer war er eine Art Spielverderber, wo es auf dem Sofa doch so schön war.

Er konnte eben keine Geschichten erzählen. Das merkte er daran, dass kein Mensch wissen wollte, wie es weiterging. Mitten in seine Geschichte hinein hatte Rosa die Gäste gefragt, ob sie noch ein Stück Schwarzwälderkirsch haben wollten. Als hätte sie jene zwölf Jahre zu einer Episode machen wollen und zu einer Modeerscheinung und einem Phänomen wie die Beatles.

Der Bus aus Tuttlingen

Da kam der Bus aus Tuttlingen angefahren. Es hätte auch an der Road to Cairo sein können. Aber sorry: Es war Tuttlingen, Stadt von Kannitverstan.

Und trotzdem war es Liebe. Müssen denn alle Märchen blond sein?

Aber nun, da er gar nicht mit ihr gerechnet hatte, war es unverhofft doch noch so weit.

Mit einem Mal stand sie vor ihm, und jede Liebe begann mit einem Blick.

Das könnte er aber vielleicht erst sagen, wenn sie morgen wieder in diesen Bus einstiege, und er sähe es mit seinen eigenen Augen.

Der Landrat

Einst kam der Landrat Freiherr von Gleichenstein angereist und sie konnten immer noch kein Hochdeutsch. Er verstand die Eingeborenen beim besten Willen nicht, ja, so war es doch! Und sie saßen von ihrem einzigen Lehrer, der wegwollte aus diesem einzigen Raum, der ihre Schule war, acht Klassen, alle zusammen mit dem einzigen Lehrer, der von ihnen wegwollte. Damit dies gelänge zu prüfen, war der Landrat hier, der Lehrer forderte sie nun auf, eine Geschichte zu erzählen, die schön war, aber der Landrat verstand sie nicht. Eine schöne Geschichte! – »*D'Baddischt hot xait*« – begann das Hermännle, und der Kolonialbeamte unterbrach ihn unwillig: »Bin ich im Urwald?« Das war eine rhetorische Frage, lassen wir es auch hier dabei. »Was haben Sie diesen Schülern beigebracht!« Es ging ja auch nicht, denn er konnte ihnen nicht etwas beibringen, das er selbst nicht konnte. Die Sprache war die erste Fremdsprache. Muttersprache und Fremdsprache fielen zusammen in ihren Mündern.

Also wurde es aus der Versetzung nichts, und er musste für den Rest seines Lebens bei ihnen bleiben. Das ist lange her.

An der Wand hing ein alter Mann, das Foto des ersten Bundespräsidenten, darunter das Harmonium. Richtig singen konnten sie auch nicht. Es gab Ohrfeigen, die auch nicht vergessen sind.

Klassentreffen. Wiedersehens-Stenogramm

An einem solchen Abend gab es nicht einmal jemand zum Schmusen, so wenig wie für andere ekelerregende Wörter. Klassentreffen.

»Schon verheiratet!« – Und die Jahre klangen aus dem Mund von Gabi wie eine Zeit im Gefängnis: »Bald sieben Jahre!« – Im Extremfall, der heutzutage kaum einmal noch vorkam, konnte es auch »lebenslänglich« heißen.

Was für eine Hochzeit! – Das Lachen mischte sich mit dem Wein, der Atem mit dem Rauch, am späteren Abend, und es gab tatsächlich noch eine Hochzeitsnacht. Und in der Morgenfrühe war es morgenschön gewesen: Die Hochzeitskutsche stand da, girlandengeschmückt wie die Kirchentür. Und zwei goldene Ringe lagen auf dem Tablett, als wären es die ersten zwei Glieder einer Kette lebenslänglicher Gefangenschaft.

Oftmals jedoch fiel so ein Eheleben wie ein Kartenhaus zusammen. Die Möglichkeit, hineingezogen zu werden in ein oberflächliches Tagesgelächter, bot so eine Konstruktion eigentlich nicht.

Die Vertriebenen

»Wenn ich vor so hohen Leuten stehe, fallen mir immer die zerschlissenen Schürzen meiner älteren Schwestern ein, die ich austragen musste als Letzte«, musste sich Gabi sagen.

Der Name deutet auf die Zeit nach dem Krieg, da waren die Madefskys bei ihnen gelandet, und etwa seit dem Jahr 2000 war Gabriele ein Männername geworden. Gabi kam aus einer Familie, die in der Küche zu Mittag aß, in deren schöne Stube man nur über die Küche kam. Und gleich hinter der Küche lebten auch noch die Kaninchen, mit denen sie manchmal spielten, bis ihnen einst Onkel Erich hinter die Löffel schlug, wie er es von seinem Onkel, ebenso ein Schürzenjäger, am Rande von Kattowitz gezeigt bekam, wie man es macht. Ach Gott, was sollte das Wort Schürzenjäger in den Augen von Menschen, die noch nie eine Schürze gesehen hatten. Und Gott noch weniger. Und selbst das Wort: Gott, wo man doch schon so lange nicht mehr sagte, du liebe Zeit.

Man muss beim Bauen
auch ans Abreißen denken!

sagte jener sonderbare Mann bei ihnen zu Hause. Dort lebte dieser Baumeister, der also von der Vergänglichkeit eines solchen Hauses wusste und selbstverständlich auch von ihrer eigenen und von ihrem Gast-auf-Erden-Status, als hätte er Hebels Gedicht *Die Vergänglichkeit* gelesen oder sonst eine Kalendergeschichte wie *Unverhofftes Wiedersehen*.

Der schlampige Baumeister wollte mit diesem Satz wohl all seine Schlamperei entschuldigen, seinen ganzen Pfusch, ja nicht zu solide!

Und sie dachten, dass er so baute, weil er so dachte, und lachten.

Dabei spielte er auch noch mit dem Klang des Wortes Abreisen-Abreißen, das sich beinahe wie eines anhört.

Die Bauherren wollten einen solchen Satz schon gar nicht hören, denn wer baut, lebt und will nichts von so etwas wissen.

Aber vielleicht war der Baumeister nur ein Dichter, und sie verstanden das nicht.

Gerade als Baumeister hatte er vielleicht daran gedacht, dass er ja nur an zukünftigen Ruinen arbeitete.

Doch sie lachten und schüttelten den Kopf über diesen Satz, als wäre der Mann nicht ganz bei Trost, wie man früher noch sagte.

Aber das war nicht sein einziger Satz. »Uf guet Deitsch xait!«, sagte er. Denn mancher hatte doch eine Sprache dafür, wie sie nicht reden konnten.

Ausflug nach Freiburg

Vor vielen Jahren stand er zum ersten Mal vor dem Freiburger Münster, am sogenannten Renaissance-Portal, denn es regnete, und hatte eine Wurst in der Hand, die er auch aß. Das tat er immer sehr gerne auf dem Münsterplatz, der doch eigentlich auch ein schön gepflasterter ehemaliger Friedhof ist.

Neben ihm standen – so war es – zwei Amerikaner, die auf ihre Frauen warteten, die, kaum, dass sie ins Münster hineingegangen waren, auch schon wieder herauskamen. Und die eine sagte zu ihrem Mann:

»It's only a church!« – Das ist nur eine Kirche!

Also war auch das erklärt.

In der S-Bahn

Da sah er zwei Sechzehnjährige, die sich die ganze Zeit küssten, zum ersten Mal derart verliebt, dass sie es derart zeigen mussten.

Doch er verstand sie überhaupt nicht mehr. Und sich auch nicht.

So wenig, wie er, um die sechzehn Jahre alt, jene Zehn-jährigen verstand, die im Schwimmbad die ganze Zeit ins Wasser sprangen und den ganzen Nachmittag in Bewegung waren und etwas spielten, bis hin zur Blauheit der Lippen.

MORITURI TE SALUTANT

Liebe

Die Haare waren an einer Stelle so weiß, dass er dachte: das ist noch Rasierschaum oder Niveacreme, als er noch kurz in den Spiegel schaute, bevor er aus dem Haus wollte.

Auf diesen Schreck hin war ihm der Appetit vergangen.

Nun verstand er auch seine Frau, wie sie einst ins Bad kam und ihn sah, wie er unter der Dusche stand, wie Gott ihn geschaffen hatte oder nicht. Und wie sie nun den Dusch-vorhang vorzog und wie dies klang und wie sie sagte »da-mit der Boden nicht nass wird«, gerade im Augenblick, als er wieder zu leben begann und schon dabei war, nach sei-ner Frau zu rufen an die ungewöhnliche Stelle, wohin die Familientherapeutin geraten hatte, versuchen Sie es doch einmal im Bad.

Als Kind hatte er Angst vor dem Scheintod

Es war die Angst, lebendig begraben zu sein. Dann hatte er doch geheiratet. Nun war es schon 25 Jahre her, dass sie sich das Jawort gegeben hatten. Es wäre ihm aber lieber das Neinwort gewesen.

Es hatte sich mit den Jahren immer mehr herausgestellt, dass »wir« ein Wort war, hinter dem sich eine Geschichte versteckte, von der er nur die eine Seite kannte.

Aus der Friedwaldzeit

Die Leute hatten keinen schwarzen Anzug mehr, kaum zwanzig Jahre später.

Und kamen auch schon zu spät. »So vornehm sind wir nicht!« Sagten sie nun.

Die Ersten würden schon in Adidashosen kommen, auch um das Ganze etwas aufzuhellen. Die Ersten wollten nun, statt im Hochzeitsanzug, im Trikot von Bayern München im Sarg gebettet sein und so ins Grab. Das waren schon Fangedanken, die von fortschrittlichen Bestattungsunternehmern realisiert werden konnten, um etwas Farbe an diesen Ort zu bringen. Und der HSV hatte nun eine eigene Fan-Abteilung auf dem Friedhof. Und das Schwarz war am Ende ganz vom Friedhof vertrieben und kam nur noch bei den alten Intellektuellen vor als ihre Art Berufskleidung oder Uniform.

Lange hatte er gedacht und geglaubt, dass der französische Lebens- und Denkentwurf auch sein eigener sein könnte. Aber der Satz »Was nicht klar ist, ist nicht französisch« hat ihn davon abgebracht. Der Tod konnte also auch kein Franzose sein. So stand er mit dem Kopf nach unten, wie die Schafe, die sonderbare Tiere waren.

Eine Liebesgeschichte zwischen Ulm und Biberach

Es war eine Geschichte, die damit begann, dass sich im Zug der Falsche neben sie setzte, der eigentlich der Richtige war. Sie endete damit, dass der Falsche ausstieg, der eigentlich der Richtige gewesen wäre.

Es war eine Geschichte, die mit dem Satz »Bevor ich darüber nachdachte, wusste ich es noch« endete.

Diese Geschichte verlief nicht ganz so, wie sie sich das vorgestellt hatte, aber doch so, dass sie es nimmer vergaß. Nur so viel: Oftmals ist es so, dass sich der Falsche neben sie setzt im Zug und der Richtige aussteigt. Und so fahren sie weiter und sind noch ein ganz schönes Stück unterwegs.

Mann und Frau am Bodensee

Letzter Urlaub. Geregnet hat es die ganze Zeit. Und was sie reden sollten, wussten sie auch nicht. »Viel zu kühl für die Jahreszeit.«

Dann starben sie, ohne die Reihenfolge einzuhalten, einer nach dem anderen.

Und sie sagten nimmer »ich liebe dich«, so wie einer »ich liebe dich« sagt, und die andere hört es, und andere Sätze wie in den Filmen.

Ihr einziges Kind

Es musste doch Menschen geben, die noch lebten.

Ach, seine Eltern wollten ja schon bei seiner Zeugung weg. Die Mutter wäre am liebsten gar nicht dabei gewesen. In der Hochzeitsnacht wollte sie ganz woanders sein.

Seine Geschichte war keine Liebesgeschichte.

»Jetzt gehe ich in die Uni, aufs Klo.« Der beste Freund von einst saß auf dem Philosophischen Lehrstuhl I und stand kurz vor der Emeritierung, wie es an der Universität hieß, und hatte Sprechstunde am Mittwoch von 14 – 15 Uhr, wie er im Vorbeigehen sah. Er klopfte nicht.

Und so war es am Ende statt eines Lebens nur ein Reisebericht.

Das gab es wohl auch noch

Eine Liebe, zwei, einander ganz verfallen, wie seit Romeo und Julia nicht mehr, ein Leben lang, bis zum Tod, wie zwei Enten.

Vielleicht hatten sie sogar das Glück, gemeinsam von einem Jäger abgeschossen zu werden, und landeten dann verteilt in den Bäuchen einer einzigen Festgesellschaft.

4. New York machen wir das nächste Mal!

Kleine Trilogie

Schon im Auto hatten sie von den Niagarafällen gesprochen und was sie ihm alles zeigen wollten die nächsten vier Wochen. Und dann kam er nicht einmal bis Buffalo.

»New York machen wir das nächste Mal!«, hieß es vom Lenkrad aus. Zwischen Daddy und seinem Vetter Pino saßen in diesem geräumigen Buick Jimmy und Joey, die beiden Söhne von Joe und Claire. Für sie, damals neun und zehn Jahre alt, war es schon wieder der Heimweg. Und alle waren enttäuscht und hatten noch nicht verschmerzt, dass es mit New York nichts geworden war. Nun waren sie wieder in Scranton. Pino sagte nichts, wie er sah, wohin er gekommen war.

So stiegen sie schließlich, angekommen in der Third Street, aus ihrem Wagen und machten sich, auch irgendwie aus Verlegenheit, an den Koffern zu schaffen.

Ein paar Jahre vor ihm waren seine Onkel und Tanten hier gelandet und hatten sich wohl auch sagen müssen: »Fürs Erste bleiben wir einmal hier.«

Sie waren Anfang der zwanziger Jahre aus jenem Pescopagano nach Amerika aufgebrochen, was damals das größte Wort überhaupt war, eine Verheißung. Alle hießen Mariniello, und bei der Einreise auf Ellis Island, wo sie auf Läuse untersucht wurden und Dinge tun sollten, über die sie hätten auch ein Buch schreiben können, wurde ihnen auch noch ein anderer Name verpasst. Von nun an sollten sie Marinelli heißen, was nicht so unamerikanisch klang.

Es waren auch Menschen, die es Anfang der zwanziger Jahre gerade bis zum Fuß der Appalachen schafften und irgendwie hängenblieben. Die Mariniellos. Eigentlich hatten sie von einem Leben in Amerika geträumt. Aber das musste irgendwie jenseits der Blauen Berge sein. Nicht irgendwie, sondern ganz genau. So war es.

Auch waren sie schon in Pescopagano einander versprochen und miteinander verheiratet worden. In Scranton haben sie dann auch aus Claire und Joe Marinelli II ein Paar gemacht, daraus wurden Jimmys und Joeys Eltern, und nun umarmten sie sich, wie es damals in den USA gar nicht üblich war. Alle waren ja eine Familie.

Schon seine Verwandten hatten von New York nichts gesehen als Ellis Island und kamen ihr ganzes restliches Leben in Amerika nie wieder hin. Pino hatte auch nicht mehr von New York als die International-Arrivals-Halle gesehen, und dann noch den Weg zur zwanzigstöckigen Garage.

Giuseppe Mariniello, genannt Pino, hatte eine lange Reise hinter sich.

Vor vier Tagen war er um vier Uhr morgens mit dem Bus erst nach Neapel gefahren, und dann, als er endlich auf dem Platz im Flugzeug, einer 707 der ersten Generation, saß, war er nach fünfzehn Stunden in New York. Eine Zwischenlandung auf den Azoren gab es auch noch. Der Name Azoren hatte Pinos Lust auf Amerika noch einmal gewaltig gesteigert, so kurz vor dem Ziel. Seine Onkel und Tanten hatten dafür noch Wochen gebraucht. Von Pescopagano aus, einem Bergnest der Basilikata, der unbekanntesten Gegend Italiens, einer Welt voller Erdbeben und Wohnhöhlen, fast schon in den Sporen des Stiefels, einst besiedelt von Griechen in den Jahrhunderten vor Christus, der aber eigentlich nicht einmal bis Eboli kam. Später folgten die Albaner, die Araber, die Sarazenen und die Schwaben, und alle hinterließen ihren genetischen Code, so dass Pino so aussah, wie er aussah. Schon sein Name war ein Fremdkörper, und nun war er auf dem Weg nach Scranton.

Scranton war eine verarmte Bergarbeiterstadt, deren Einwohner Angst vor New York hatten. Fast alle Amerikaner hatten Angst vor New York und schreckten vor diesem Ort zurück, der sie an Babylon erinnerte, wo sie auch nie gewesen waren.

Nur die Kinder fremdelten von Anfang nicht und fragten mit großen Augen ihre W-Frage. – »Warum fahren wir nicht nach New York?«

Ach, Kinderfragen.

Es war ein ganz altes, alles in allem enttäuschendes Fahrzeug, trotz der Minibar zwischen den Sitzen, immerhin geräumig genug, um Augen, die an Fiat Cinquecentos gewöhnt waren, zu beeindrucken. Ein enttäuschendes Fahrzeug war noch am ehesten zu verschmerzen.

Pino sagte nichts. Und man hätte ihm ansehen können, dass er nichts sagte. Aber so gut kannten sie Onkel Pino noch nicht.

Schon beim Taxieren des Autos kam Pino der Verdacht, dass es seine Verwandten in Amerika nicht ganz geschafft hatten und dass sie ihm vielleicht gar nicht bei seinen Hollywood- und Latin-Lover-Plänen würden weiterhelfen können.

Die zehnspurigen Highways schüchterten Pino ein, Amerika, wenn auch nur vorübergehend. Die Kleinen aber, Jimmy und Joey, die noch Zukunft hatten, schauten die ganze Zeit zum Fenster hinaus und konnten sich nicht sattsehen.

Aber für diese Kinder und New York hatten die beiden Männer keine Zeit.

»New York machen wir das nächste Mal!« Das war schon ein Satz von der Rückreise und fest versprochen. Jim hörte die Stimme seines Vaters, der neben ihm saß, und war schon so groß, dass er dabei seinen Mund im Rückspiegel sah, als wäre es wie beim Friseur gewesen. So viel wusste Jim nun schon: dass er wusste, wie es aussah, wenn Daddy log. Und es ihm leidtat. Meist bemerkte Daddy aber gar nicht mehr, wenn er log.

Und was war mit der Hinreise?

Die beiden Brüder hatten betteln müssen: »Daddy, bitte, nimm uns mit nach New York!« Es war aber die Mutter, der sie schließlich verdankten, dass sie hatten mitfahren dürfen. Es war weniger Barmherzigkeit gewesen. Claire kannte ihren Joe. Und Joe kannte sie. Er wusste genau, dass die Kinder nur als Aufsicht im Wagen saßen. Daddy konnte illuminierten roten Herzchen einfach nicht widerstehen, zumal er bei seinem Leben, das sich vor allem unter Tage abspielte, kaum einmal Gelegenheit hatte dazu. Daddy liebte seine Söhne. Aber darüber, dass sie nun neben ihm auf der Wagenbank saßen, war er nicht allzu glücklich. Auch er kannte Claire und wusste, dass sie ihn kannte. Und sich selbst kannte er auch.

Über den Besuch aus Italien war er auch gar nicht recht froh, denn er wusste ja, wer da kam, ein Mann von 23 Jahren. Und seine Frau kannte er auch.

Schon auf der Fahrt zur Arrivals-Halle hatte es jenen Stop-over gegeben, nachdem sie zwei Stunden gefahren waren, an Schildern vorbei, auf denen dreißig Jahre später »We bare all« stand.

Als sie den Motelhof erreichten, wurde Daddy erst einmal still. Daddy sagte, er müsse nun einmal kurz verschwinden, und verschwand dann tatsächlich in einem jener Zimmer des Motels, die man von ihrem Auto aus sehen konnte, und vor jeder Tür ein grün oder rot beleuchtetes Herz, was den Kindern sehr gefiel. Er hatte schon zuvor überlegt, was er ihnen sagen sollte, es war ja in diesem Bundesstaat strafbar, selbst Hunde allein im Auto zu lassen. Da ihm nichts Besseres einfiel, hatte er gesagt: »Daddy ist etwas müde, und ihr seid es doch auch!« – »Wir sind aber nicht müde!« – Und Daddy von Mami unterscheiden konnten sie auch schon. Und die Herzchen sahen sie auch und dahinter eine Frau, die aussah wie Mami, die ihnen noch einmal einen Gutenachtkuss gab, bevor sie das Licht ausmachte und schlafen ging. Es war ein roter Morgenrock, was sie nur ganz kurz sahen, als ein Vorhang beiseitegezogen wurde und eine Frau ein Gesicht machte, als hätte sie Hunger. Und ihre Zunge zeigte. Aber nicht so, wie sie das machten, unterwegs im Auto, wenn sie auf dem Highway eine alte Kiste überholten.

»Ihr seid doch Männer! Die müssen auch einmal allein bleiben.«

Ein solcher Vater war das. Es folgte nun eine ganz lange Pause von, sagen wir: fünf Sekunden. Und nun wurde Daddy streng. Daddy sagte ihnen, sie müssten sich nun etwas ausruhen und er auch!, und drohte ihnen, Mami zu sagen, dass sie nicht artig gewesen seien und dass er sie lieber nicht mitgenommen hätte, und ein Eis versprach er ihnen auch noch. Aber erst, als er ihnen mit New York kam, versprachen sie schließlich, auf ihn zu warten.

Und dann verschwand er hinter jener Tür in jenem herrlichen Gebäude neben dem Drive-in, das eher eine Baracke war, und die beiden Kinder sollten so lange in ihrem Buick Skylark warten, bis Daddy wieder herauskam. So lange war es nun auch wieder nicht. Schon nach einer Viertelstunde war Daddy wieder da. New York war nun auch eine Viertelstunde nähergerückt. Und auf die Frage Jims, der doch noch etwas neugieriger war als sein kleiner Bruder: »Was hast du gemacht?«, antwortete Daddy wahrheitsgemäß mit: »Ich habe geschlafen.« Ein solcher Daddy war das. Er sah aber ein wenig zerzaust aus, die Krawatte saß auch nicht mehr richtig. Immerhin: Für Jim und Joey gab es wenigstens ein Eis. Das war für ein Kind fast so viel.

Diese Geschichte spielt in einer Zeit, als Männer auf Reisen noch Krawatten trugen am Steuer ihrer Limousine, das war im Jahr, bevor Kennedy erschossen wurde und es den J. F. K.-Airport noch gar nicht gab und wo man das Gepäck mit an Bord nahm und zu Fuß über das Rollfeld ins Flugzeug kam, so groß war damals alles – nur der Himmel war der alte. Und das Leben auch. Eines zwischen Verlangen und Enttäuschung.

Eines zwischen »Komm!« und »Bleib doch!«.

Von dem Stop-over hat Jim auch später Mommy niemals erzählt.

Dann waren sie am Flughafen.

Da kam er durch die Arrivalstür, Onkel Pino, und sie gingen zum Wagen. Doch aus New York wurde nichts. Das war das letzte Versprechen, das Daddy nicht hielt, und auch die letzte Enttäuschung vonseiten Daddys, der bald für immer aus ihrem Leben verschwand. »New York machen wir das nächste Mal!«

Eine Zeitlang hatte man noch die Wolkenkratzer von Manhattan gesehen, so groß wie Streichholzschachteln, wenn sie auf der linken Seite zum Fenster hinausschauten und dann noch zurück, Jimmy und Joey wurde bald so schwindlig, dass Daddy ganz schnell anhalten musste, gerade noch rechtzeitig, bevor das Schlimmste geschah.

Bald wurden die Straßen immer leerer und gemächlicher, gesäumt von einem Drive-in alle zehn Meilen. Einmal machten sie auch auf dem Rückweg Station und aßen Chicken Nuggets bei dem Alten von Kentucky Fried Chicken, der in seiner komischen Aufmachung herunterlächelte, heruntergelächelt hatte nach jeder Meile einmal, die riesige Werbung an der Interstate entlang. So stellte man sich hier den Mann des Vertrauens vor. Und auch die drei Marinellis fielen nun schon ein Leben lang auf dieses Gesicht herein, das doch eine Fresse war.

Und dann streiften sie auch bald wieder jenes Motel, das dieses Mal auf der rechten Seite lag, und Daddy beschleunigte die Fahrt, ging über 65 Meilen, hörte gar nicht hin, als Jim fragte: »Daddy, warum fährst du auf einmal so schnell?«, gerade im Augenblick, als er jenes Motel mit den Herzchen erkannte, wo sie auf dem Weg zum Flughafen hatten auf Daddy warten müssen. Und dann hatten sie ein Softeis bekommen, als er wieder herauskam, zur Belohnung dafür, dass sie auf ihn gewartet hatten. Und noch ein Eis dafür, dass sie schon richtige Männer waren, die schweigen konnten. Dass es vielleicht wegen New York war, hatte Daddy schon wieder vergessen.

Pino aber hatte die Herzchen doch gesehen und die Geschichte, die dazugehörte, verstanden.

Dann waren sie in Scranton.

Scranton lag, wie man sagte, am Fuß der Appalachen, eine bald aufgegebene Bergarbeiterstadt in Pennsylvanien, an der Grenze zum Staat New York und zu ... und zu –

Es gab viele Grenzen bei ihnen zu Hause. Das hieß, dass sie von allem weit weg waren, das hieß auch, dass hier die Sehnsucht so groß sein konnte wie nirgendwo.

Auch nach New York, das er doch nur vom Autofenster aus gesehen hatte, in der Ferne, am Horizont: »Look! – Schau!«, und schon war es wieder vorbei – in der Ferne, aber doch so etwas, das wie New York aussah, und das Wort Manhattan hat Jim da auch zum ersten Mal gehört. Also war die Sehnsucht bald größer als das Empire State Building, so groß wie ...

Fast alle, die nach Scranton gekommen waren und hängengeblieben, verfluchten den Kolumbus für seine Entdeckung. Nicht aber Pino.

Und dann sah er Claire, wie sie zur Frontporchtür herauskam. Und J. J. M. II sah es auch. Und wie sie schaute und sah, wie er schaute. Und dass Joe dies sah, sah er auch noch. Und sie auch. Dazu kam auch noch ihre Stimme, ihr Lächeln, und Pino hätte nicht sagen können, was zuerst war. Bald waren Daddy und Mommy nicht mehr auszuhalten.

Am Sonntag wollten sie alle zusammen zu den Niagarafällen.

Aber es blieb bei diesem Plan. Denn schon am zweiten Abend Pinos in Scranton gingen Brotlaibe und Messer hin und her. Pistolen gab es auch genug im Haus.

Und am nächsten Tag, während Daddy wieder unter Tage arbeitete, lagen Claire und Pino zusammen in jenem Kingsizebett unter und über der rosaroten Bettwäsche, und Jim sah es durchs Schlüsselloch und wurde so mit dem Leben bestraft.

Ach, Scranton war eine nach dem Boom zu Beginn des zwanzigsten Jahrhunderts heruntergekommene, das heißt verarmte Stadt von Hillbillies, Hügelwillis, Hintermenschen, Nachkommen von Bergarbeitern, die in Polen und Kalabrien, Sizilien und Irland und auch im Pfälzer Wald von Amerika geträumt hatten oder nicht und es nur bis in die Minen am Osthang der Appalachen schafften, und dahinter, noch hinter den Blue Ridge Mountains, lag Amerika. Und es gab Frauen wie Claire, die sich langweilten: Sie hatten ein anderes Leben verdient, als zwischen zwei Untertageschichten Kinder zu zeugen, solange es ging. Die nun von Pescopagano träumten, so wie ihre Eltern von Amerika.

Und wenn einer von ihnen es wenigstens nach Buffalo geschafft hätte oder gar zu den unweit davon herunterstürzenden Niagarafällen, die alles mit sich rissen und manchmal auch diesen und jenen Menschen?

All dies wussten sie ein Leben lang, dass es, ganz in der Nähe, die Niagarafälle gab.

Aber sie hatten es ein Leben lang nicht geschafft. Und mittlerweile war dies ja auch nicht mehr nötig: Man konnte sie im Fernsehen sehen und öfter noch zu Hause: Längst gab es im Living Room eine Wohntapete, die die ganzen Niagarafälle in ihrer ganzen Breite zeigte, so dass auch Onkel Pino eigentlich gar nicht mehr hinfahren musste. Ganz am Anfang, am ersten Abend, als sie doch nicht so recht wussten, was sie nun miteinander machen und reden sollten, war davon gesprochen worden, in diesen vier Wochen, die Pino bleiben wollte, nun endlich da und dorthin zu fahren, auch einmal an die Niagara Falls, alle zusammen, einen Ausflug zu machen mit drei Autos im Konvoi, so dass es ausgesehen hätte wie im Rudel und die neidischen White Anglo-Saxon Protestants, die damals noch Amerika waren, den Kopf geschüttelt hätten über so viel Nähe und, misstrauisch und verächtlich über diese Masse aus dem Süden, mit dem Vorurteil im Kopf zurückblieben, dass aus solchen Menschen niemals richtige Amerikaner würden.

Die Niagarafälle an ihrer Wohnzimmerwand, wahrscheinlich hochtoxisch, zierten und vergifteten wohl seit geraumer Zeit ihren Living Room. Die Fototapete war so genau, täuschend echt, dass sie glaubten, das Wasser tosen zu hören.

Pino hat also die Niagarafälle doch gesehen, denn sie waren Zeugen von dem, was sich im Living Room abspielte. Nur aus Verzweiflung ins Wasser zu springen ging nicht. Ein Dreifach-Mord vor dieser Kulisse wäre möglich gewesen.

Es herrschte nun Krieg bei den Marinellis in Scranton, in jenem schönen kleinen Holzhaus mit dem Frontporch, wo man die Tür so zuschlagen konnte, dass man es noch bei den Schlebenskys hörte, die im übernächsten Haus wohnten.

Es war ein Blitzkrieg – Messer waren noch das wenigste, und schon nach drei Tagen war er wieder vorbei.

Pino hatte ganz schnell verschwinden müssen.

Und Claire hielt es nun auch nicht mehr zu Hause aus. Sie dachte abwechselnd an Flucht und an sonst noch etwas.

Daddy musste zu allem auch noch arbeiten, dem Tod und einer Staublunge zu, als wäre eines nicht genug gewesen, und verschwand wieder unter Tage, wo er sich auch Dinge ausdachte, die auf dem elektrischen Stuhl geendet wären.

Denn die Todesstrafe gab es auch noch. Pistolen gab es auch genug im Haus. Und die Niagarafälle gab es nach wie vor.

Tragisch ist, wenn es nicht anders geht, hatte ihm einer vom Theater gesagt.

Also war es tragisch.

Sie mussten schnell weg.

Trotzdem wäre Jim am liebsten gewesen, sie wären zu Hause geblieben. Aber die Mutter musste weg. Warum, wussten sie nicht so genau.

Der Onkel war schon verschwunden. Wohl wieder zurück nach Kalabrien. Welche Geschichte er dort erzählen würde?

Und dass es für immer war, wussten diese Kinder schon gar nicht. Ja, so ist es immer. Am Anfang hält man das Leben noch für einen Ausflug.

Und Claire war nun mit Joey und Jimmy auf der Flucht vor Daddy, was die beiden freilich nicht wussten. Sie glaubten, unterwegs zu den Palmen zu sein.

Claire hatte einen Atlas aufgeschlagen. Links sahen sie Kalifornien, rechts Florida.

»Wo wollt ihr hin?« Fragte sie Jim und Joey.

Vor diese im Grunde unmöglichen Alternativen gestellt, sagten sie: »Miami.«

Es war wirklich so, auch in Scranton, wie überall auf der Welt auf der sogenannten nördlichen Halbkugel, wenn einer vor die Haustür tritt, je nachdem: links geht es im Prinzip nach Wladiwostok, rechts nach Amerika. Oder umgekehrt. Sie sagten: »Miami.«

Auch, weil ihnen das Wort Miami gefiel. Auch wegen der Krokodile und Menschen aus *Miami Vice*, die sie jedoch zu diesem Zeitpunkt aus dem Fernsehen noch nicht kannten.

Und dann fuhren sie los.

Also fuhren sie in einer Drei-Tage-Tour mit dem eingebauten automatischen Geschwindigkeitsmesser immer geradeaus, dazwischen eine Nacht auf einem Motelparkplatz in Virginia und eine auf einem Motelparkplatz in Savannah, Georgia; die schöne Stadt sahen sie freilich nicht. Da hatte Joe längst entdeckt, dass das Haus leer war. Und der Buick fehlte auch. Und am Morgen um sechs saß Claire schon wieder am Steuer und rauchte eine Zigarette nach der anderen, ohne dass die Polizei eingeschritten wäre wegen Erregung öffentlichen Ärgernisses oder versuchter Tötung, bei meist geöffnetem Seitenfenster und einer Geschwindigkeit von 55 Meilen, hatte ihre linke Hand nach außen gehalten und war mit ihr durch die Luft gefahren, als wäre es eine Erfrischung, und forderte ihre Kinder bald auf, miteinander zu streiten, zu schreien, sie zu erschrecken, sie in die Backen oder die Beine zu kneifen und sie mit dem Fächer zu schlagen oder zu pieksen, damit sie nicht einschlief, ja vielleicht so wütend wurde wie zu Hause im Streit mit ihrem Mann, wenn Brotlaibe und Messer hin- und hergingen, denn sie fuhren ja immer nur geradeaus, nicht nach Kalifornien, sondern schon gleich an der ersten Kreuzung in Scranton nach links und nicht nach rechts, in eine Richtung, die das weitere Leben bestimmte.

Als Joe am Abend nach Hause kam, sah er einen Zettel am Kühlschrank:

»Bitte kümmere dich um Hannibal. – Please take care for Hannibal!« Das war der Kater, dem Nachbarskinder den Schwanz abgeschnitten hatten, wohl in einem ersten Rausch.

Daddy wollte nun gleich losfahren und es auch so machen, vielleicht sogar mehr, auch die Flüchtlinge einholen und töten wie der Pharao die Israeliten. Am Roten Meer wie in Scranton war es bei einem Plan geblieben.

Der Besuch des Onkels, die Fahrt zum Flughafen nach New York, wo sie ihn abholten, war das erste Abenteuer der Kindheit Jims gewesen. Und auf das letzte hätte er gerne verzichtet. Mit der Fahrt nach Miami war diese Kindheit zu Ende.

Da lebten sie nun, und es wurde und wurde nicht mehr Winter.

Damals war es kalt in Scranton, im Winter bis zu dreißig Grad, welches auch in Amerika ein schönes Leben im Innern ermöglicht hätte, ein Leben nach innen, die Geräusche und den Anblick des offenen Kamins, den sie noch hatten, wie des Feuers sowie schon den Anblick des schönen Holzstapels, und morgens blühte es im Fensterrahmen, auch Palmen und sonstige Eisblumen waren zu sehen, die dahinschmolzen und nach und nach den Blick auf die verschneite Welt und die Jingle Bells preisgaben. Jims schönste Erinnerung war vielleicht der erste Schnee.

An seinen Daddy zu denken, tat fast immer weh. An einen toten Daddy vielleicht noch etwas mehr als an einen lebenden.

Jetzt war er erst zehn und hatte schon Heimweh. Bald auch nach seiner Großmutter, die es auch noch gab, in Scranton zurückgeblieben, die nun für ihren ältesten Sohn noch bis zu seinem Tod jeden Tag jene Leibspeisen kochte, wie sie es in Pescopagano gelernt hatte.

Daddys Mutter hatte eine solche Wut auf ihre Schwiegertochter, ich sage Ihnen! Ach. Die Frauen sollten am Ende für alles schuldig sein, von der Vertreibung aus dem Paradies bis zum Sprung in die Niagara Falls und all die Pistolen. Weiß schon, weiß schon. Muss man noch sagen, dass man so etwas ein Leben lang vermisst?

Eines Tages war Daddy doch losgefahren. Sie haben sich nicht wiedergesehen, die zwei. Die Niagarafälle waren gar nicht so weit. Aber weit genug, dass Daddy auf dem Weg dahin noch einmal alles hätte überdenken können.

Auch an sich selbst zu denken, tat fast immer weh.

Und doch: Muss man noch sagen, dass man alles, was vorbei ist, ein Leben lang vermisst?

Pino hatte von Amerika nicht viel gesehen, außer … vielleicht Claire, wie sie auf ihre Weise schaute. Gar nicht so viel anders als Marilyn Monroe, die lebte ja noch, und die Welt war eine einzige große Gleichzeitigkeit. Das war wohl das Einzige, was der Mensch noch hatte an Gemeinsamkeit, nachdem er einmal geboren war. Und dann freilich der Tod und das Leben bis dahin.

Pino sah also von New York praktisch wieder nichts als die International-Arrivals-Halle, die Strecke von dort bis zum Schalter, den er kaum fand, und keinen konnte er fragen wie zu Hause. Nachzutragen bleibt, dass Pino ohne ein Wort Amerikanisch unterwegs war. Das war in einem Land, in dem das Wort »I« großgeschrieben wurde, und dann ging es mit »you« klein weiter. Und jeder, der etwas auf sich hielt, fügte seinem Vornamen einen zweiten in Abkürzung hinzu: John F. Kennedy, warum genügt John nicht? Es war wohl so etwas wie ein »von«.

Die Freiheit in Amerika und über den Wolken sei grenzenlos, so hatte er es gehört. Sie hatte sich für Onkel Pino als Beinfreiheit auf dem Rückflug herausgestellt. Doch selbst die hatte er nicht. Es reichte nur für die Schweineklasse. Alles andere blieb in einem solchen Leben ein Traum. Das war aber bei jedem so, der es wirklich versuchte, sich an sein Leben genau zu erinnern. Das war freilich nur so ein Gedanke auf der Rückreise von einem, der den Hinflug über noch geträumt hatte.

Die Rückkehr Pinos kam auch einer Flucht gleich, denn Daddy hatte ihm mit Jail gedroht, wenn er nicht sofort verschwinden würde. Oder mit noch Schlimmerem.

Das Geld reichte gerade noch für eine Umbuchung. Damals kostete ein Flug das Zehnfache.

»Wenigstens New York!«, sagte er sich. Doch an New York war unter diesen Umständen nicht zu denken. Er hatte dann auch noch die Angst der Sitznachbarin aus Potenza im Ohr. Aber vielleicht war es ja gar keine Angst, wie sie betete und in sich ruhte, irgendwie ortlos, sie wusste nicht, wo sie war, und die anderen wussten es genau genommen ja auch nicht.

Nur ganz selbstsichere Menschen wussten dies, Zukunftsforscher, Meteorologen, Volljuristen, Vollidioten, Experten, die aufgrund der Berechnungen der Monitore lebten und der neuesten Daten, die im Raum schwirrten, auf die sie sich verließen so wie früher die gläubigen Mitläufer auf Gott.

Ach, wie sie, paarweise oder nicht, mit der Einsamkeit eines Windsurfers durchs Leben schlitterten, übers Meer, und wie ihr Leben mit ihrem Sterben zusammenfiel.

Manchmal blieb eine Geschichte übrig.

Das restliche Amerika sah Pino nur vom Flugzeugfenster aus, da lag tatsächlich New York. Immerhin hatte er einen Fensterplatz bekommen. Aber nach weniger als drei Minuten lag Amerika schon wieder hinter ihm.

Zu Hause erzählte er dann von New York und wie groß es war und was er alles gesehen hatte, es war Touristen-Jägerlatein aus der Kinderzeit der Düsenjets.

Pino war einer von jenen Reisenden, was wenig mehr hieß, als unterwegs zu sein und nicht viel mehr als die Arrival- und Departure-Zonen zu sehen. Immerhin sah er noch einmal die Azoren bei der Zwischenlandung.

Es war schon ein Leben im Transitbereich.

Und in der Mitte wäre etwas gewesen, wofür sie sich nicht einmal »Liebe« zu sagen trauten als anderes Wort für das Unerhörte, was es doch gab, nachts, wenn sie, zueinander unterwegs in vollkommener Dunkelheit, auf der Suche waren nach sich selbst und mit einer entsprechenden Angst. Es war ein Leben, es war eine Welt, die ihre Menschen zum Schweigen über all dies verurteilt hatte.

Es war eine Omertà dem Leben gegenüber, und »New York machen wir das nächste Mal!« war noch ein Kindertraum, der nicht in Erfüllung ging.

Post Scriptum

Diese Geschichte spielte in einer Zeit, als die Liebespaare in Hollywood selbst noch im Bett die ganze Zeit rauchten, auch noch neben der Liebe her, so cool waren sie, so erregt, sonst sah man fast nichts von ihnen. Es war die Welt, die eine einzige Zigarette danach zu sein schien. Und auch davor. Zwischen den Kissen und den Küssen gaben sie den Rauch von sich, der auch im Schlafzimmer nach oben stieg, als wäre es auf dem Petersplatz, kurz nachdem der neue Papst gewählt worden war. Als hätte es sonst nichts gegeben als Menschen, die im Bett liegen und rauchen und dabei träumen, wahrscheinlich von der Liebe.

Das aber war auch eine Geschichte aus Amerika.

5. Frauen

Was war die Liebe?

Was sie ein Tuwort?

Oder war »make love« einfach nur eine schlechte Über-
setzung?

»Ist was?«, fragte sie.

»Nein.«

»Ach so – ich dachte schon.«

»Nein – nur so.«

»Warum rufst du dann überhaupt an?«

»Entschuldigung.«

Die Möggingerinnen

Auf dem Weg ins Himmelreich kehrten die beiden und der Amerikaner noch bei Rolands Tante und den Verwandten, die ein wasserschlossähnliches Gebäude an einem seeähnlichen Gewässer unweit von Möggingen bewohnten, ein.

Tante Mausi, die Wortführerin, hatte ihre kleine Geschichte noch nicht zu Ende erzählt, da hörte sie die Stimme von Sarah, einer etwa Vierzehnjährigen, die »Darf ich jetzt auch einmal etwas sagen?« in diese Gesellschaft hineinrief.

Sarah kannte die Geschichte ihrer Großmutter schon, und immer, wenn einer von ihnen zu langatmig wurde oder zu langweilig im Erzählen war oder einfach eine Geschichte wiederholte, wurde in diesem Haus geschnarcht und Schlaf simuliert bei geschlossenen Augen. Das war ihre Sprache.

Es waren drei Generationen von Frauen am Tisch, nur die Urgroßmutter, deren letzte Auftritte seine ersten Erinnerungen waren, gab es nicht mehr. Roland hatte also einen Überblick. Er konnte dem Amerikaner sagen, dass es sich um eine Familie von streitsüchtigen, hadernden Menschen handelte, die in ihr Unglück hineingewachsen waren, wie andere in einen Schuh. Männer gab es auch noch: Sie saßen in ihrem Ohrensessel oder lagen resigniert auf der Chaiselongue oder waren schon zu Bett gegangen, ihr Leben war ein einziger Mittagsschlaf, sie waren irgendwie nur noch zwischengelagert im Leben, merkten, dass sie am Leben waren, daran, dass sie für das Unglück im Haus verantwortlich gemacht wurden, und hatten die Decke über den Kopf gezogen. Einmal ist einer von ihnen auf diese Weise sogar erstickt, es war ein vertuschter Selbstmord, wegen der Lebensversicherung. Die Männer in diesem Haus wurden

Generation um Generation als faul und untätig beschimpft, als Versager, ob sie es waren oder nicht. Das gemeinsame Essen war der Krisenschauplatz Nr. 1. Der geheime Krisenherd jedoch war die Liebe sowie die Tatsache, dass all diese Menschen nicht richtig zusammenpassten.

Es war so, dass sogar die Katze immer wieder zusammenzuckte, was sonst nur noch geschah, wenn Düsenjäger im Sommer übers Haus flogen. Schon die Jüngste wollte sich Definitionshoheit verschaffen durch einen Schrei und Befehle wie »Alle mal herhören!«, so dass die Vögel davonflogen, und Karl Eugen war damals zusammengezuckt beim Gedanken, dass es in diesem Haus immer so weitergehen würde.

Bei fast jedem Mittagessen herrschte ein Aufruhr, als wären es Kriegserklärungen, manchmal ausufernd wie im türkischen Parlament. Und die Menschen hätten es am liebsten auch so gemacht. Sie haben sich eher noch an die Düsenjäger gewöhnt als an dieses Geschrei; und selbst die Spatzen, die auf den Telefonleitungen oder in einem der Birnbäume saßen, schreckten auf, kamen diese Explosionsgeräusche der Verzweiflung aus ihrem Innersten und flogen schwarmweise davon.

Freilich waren diese Möggingerinnen von einer erstaunlichen Geistespräsenz, auch darin ihren Männern, Vätern und Brüdern haushoch überlegen. Diese Gestalten waren von denselben bald zum Schweigen gebracht worden bis zur Mundtotheit hin. Diese Männer waren keineswegs tot, sondern sagten nur schon sehr früh nichts mehr.

»Darf ich jetzt auch mal etwas sagen?«, war eigentlich eine Frage, und jetzt sah er wieder so ein Gesicht mit einem Piranha-Ausdruck. »Mensch, siehst du, wie der guckt? Armer Großvater.«

Dieses Geschrei!

Und dann schauten auch sie zwischendurch zu ihm, seinem Enkel, hinab, vom Kinderwagen an schauten sie zu ihm hinein und grimassierten wieder, und dies sollte ein Lächeln sein, und klopften gegen den Kinderwagen, so wie die Besucher im Zoo gegen das Gehege der Androiden, und dann ging das Geschrei weiter, als hörte das Kind im Stubenwagen es gar nicht. Als sähe er dieses Geschrei nicht. Sehen konnte ein Kind doch auch noch. Das kam zum Geschrei und zum Leben hinzu.

Es gab bald wieder Momente der Besinnung, und dann warf die Älteste ein:

»Nicht so laut!« – »Seid ihr jetzt vollkommen übergeschnappt?«

Als hätten sie in ihren Kindern Mithörer gehabt, die einmal alles zu ihren Ungunsten auslegen und weitergeben würden.

Wenn die Affenmenschen den Menschenaffen gut zureden wollten und sie für einen kleinen Scherz benötigten, verschafften sie sich Aufmerksamkeit im Gehege per Klopfen, Klatschen oder über das Hineinwerfen einer Banane, was streng verboten war. Und dann wieder im nächsten Tiergehege der Menschenaffen, Aufmerksamkeit, um auflachen zu können, wie sich die Verwandten auf der anderen Seite des Gitters misstrauisch und gierig zugleich über die Banane hermachten, die allen gleich schmeckte, ob nun vor oder hinter dem Gitter, ob nun als Besucher oder Insasse dieses oder jenes Gefängnisses.

»Das verband uns, dass uns nichts verband, nachdem wir einmal das gemeinsame Licht der Welt erblickt hatten.«

Und bevor es dann zum Opernball ging, lachten sie auf und riefen fast gleichzeitig wie im Chor: »Kuck mal! – Der – Seht ihr seinen abgeschabten Kragen und diese Fliege!« – als hätten sie Spermaflecken ausgemacht.

»Was will denn der? – Wo will denn der hin?« – riefen sie über Generationen hinweg und »Schau mal! – Da kommt mein erster Minister! Der erste Diener im Staat!« – und sie lachten auf, wenn ihr Ernährer von der Kanzlei in Radolfzell zurückkam, aus Enttäuschung, dass dieser Mann gar kein Mann war, sondern eine graue Maus mit Alleinvertretungsanspruch. »Das sollte alles sein?« Und die Antwort kannten sie auch. Ach, es war ja gar keine Frage, sondern ein Satz fürs Leben. Alle Möggingerinnen hatten auf dieselbe Weise gehadert, waren auf dieselbe Weise, an derselben Stelle ihrer Augen, mit denen sie in die Welt blickten, unglücklich, nur zeitversetzt. Es war ein Unglück, ein einziges, unteilbares Unglück, aus dem alle schöpften, nur zeitversetzt.

In einem Laufstall saß Ehrenfried der Vierte und bekam alles mit. Auch er war schon als Baby verstummt. Am Anfang hatte er wegen des Geschreis am Tisch noch Angst bekommen und dann selbst zu schreien begonnen, ungewiss, ob es ein Mit- oder ein Dagegen-Schreien war, bis Ehrenfried einsah, dass die Welt nicht unterging, ja, dass dieses Geschrei bald und jederzeit von Gelächter und Visionen abgelöst werden konnte, ausgelöst durch so etwas Vages wie ein Horoskop, zum Beispiel, das Kind betreffend, vorgelesen nach dem Essen. Und Mutti und Großmama Mausi schauten nun von zwei Seiten in den Wagen herein, und alle Frauen, bis zur Urgroßmutter hinauf, schauten wie in einem Liebesanfall plötzlich voller Liebe in den Kinderwagen hinein oder zum Laufstall hinüber, der etwas abseits, aber in Sichtweite aufgebaut war und eine erste Orientierung im Leben von Ehrenfried ermöglichen sollte. Das war ein Kunststück. Auch das war die Liebe. Erst sah er, wie die Frauen aufschrien, als würden sie sich und ihn umbringen wollen, und wenig später schauten sie alle zum Laufstall hin, wo er gerade dabei war, sich aufzustellen, aufzustehen und ein Mensch zu sein und ein erstes Mal stehen zu bleiben, und sie lachten auf einmal vor Glück und wer weiß, warum sonst noch, so dass Ehrenfried, irritiert von diesem schlagartigen Stimmungswechsel, in seinem Laufstallgitter ebenso fliehen wollte, doch er scheiterte schon an den Planken, und er war weniger als ein Vogel. Und das würde er ein Leben lang bleiben.

Unvermittelt schlug der streitsüchtig vorwurfsvolle Ton oftmals um in eine Heiterkeit und dann wieder in ein kurzes, erbarmungsloses Schweigen wie ein Nachhall eines Gewitters, und dann saßen sie da wie ein Vogelgericht oder wie ein Vorspiel und eine kurze Vorgeschichte eines Vulkanausbruchs, als hätte das eine mit dem anderen nichts zu tun. Und dann schlug es wieder um, und sie haderten wieder und warfen ihm, dem Vater, der dabeisaß in der dritten Person, »Der«-Sätze an den Kopf.

»Schau, der –
wie der dasitzt – der –
Waschlappen!
Mensch, guck nicht so blöd! –
Seht ihr, wie der guckt?«

Die Zusammenhänge verstand Ehrenfried natürlich nicht. Es ging wohl abwechselnd um Geschäfts- und Liebesdinge, um zu viel und zu wenig ein Leben lang. Als hätte dieser Mann allen das Leben verpfuscht, und jeder auf ihre und seine Weise.

Eine Scheidung hatte es in diesem Haus niemals gegeben. Ein paar Jahrzehnte später schon sollte alles Hadern mit dem Leben und Unglück vergessen und begraben und aller Streit im hauseigenen Familiengrab beigelegt sein.

Jetzt war Roland wieder ganz bei sich angekommen. Und als wäre dies nicht genug gewesen, wartete Tante Mausi nun auch noch darauf, dass ihr Mann »beinahe« an einer Gräte erstickt wäre, damit sie ihren Scherz hätte anbringen können, der genau auf diese Situation passte. Denn einmal wäre Karl Eugen auch beinahe an einer Gräte erstickt. Dazu gab es aber das Jahr über nur zwei Gelegenheiten, den Aschermittwoch und den Karfreitag, die einzig verbliebenen Fischtage des Jahres. Und da musste Mausi, die mit richtigem Namen Donata hieß, die Gelegenheit doch wahrnehmen und erzählte die Geschichte wie ein Witz, der die Todesangst ihres Mannes mit einem Scherz verbunden hatte. Sie kam gar nicht so richtig voran und unterbrach und verschluckte sich immer wieder durch ein eigenmächtiges Gelächter und zeigte währenddessen auf ihren Mann, der damals schon blau angelaufen war. Bei Tante Mausi handelte es sich ja auch nicht um eine große Witze-Erzählerin. Doch bald nach diesem Besuch mussten sie eine Todesanzeige aufgeben, eine adlige Todesanzeige für die *F. A. Z.*, welche mittlerweile zum Todesnachrichtenorgan der adligen Häuser geworden war, zusätzlich zur Tatsache, dass hinter ihren Lesern und Schreibern immer ein kluger Kopf steckte, mit dem Schmerz als ungenanntem Ankerwort:

Ehrenfried von Schwackenreute gibt im Namen seiner
Großmutter Donata
seiner Tanten und Schwestern und im Namen des Hauses
den betrüblichen Tod von

Karl Eugen von Schwackenreute
Ritter vom Heiligen Grab zu Jerusalem
bekannt.
Rosenkranzgebet in der Hauskapelle
des Ansitzes Möggingen

und so fort. Der Text stand schon fest. Das Wort »Haus«
stand ihnen gar nicht zu, denn die Möggingerinnen aus
dem Hause Schwackenreute waren definitiv unterster Adel,
in der alten Welt gut genug, den Fürstenbergs Treiber für
die Schleppjagden zu organisieren oder als Zofe der Zofe
der Kaiserin zu dienen. Sie waren eigentlich auf der un-
tersten Stufe der Gesellschaft, hinter ihnen kam nur noch
das Volk.

Die Sehnsucht der Tanten war vielleicht zu groß gewesen.
Es war das Unvermögen, sich mit der Welt abzufinden, so
wie sie war: Sie wollten eine andere Welt als die, in welcher
sie zu leben hatten: Es war ein lebenslängliches Unwohl-
sein aufgrund des Lebens. Dass es schön sein konnte, davon
hatten sie gehört. Und sie waren zu klug, um das Unglück
sein zu lassen als das, was es war. Sie waren zu gescheit, als
dass sie über alles hätten hinweglachen können oder nur so
tun, wie ein Politiker, der auf dem Wahlplakat lachte und
seine Zähne zeigte. Zynikerinnen zu werden, das schafften
sie ebenfalls nie in ihrem ebenerdig verlaufenden Leben.
    Auch Roland wollte als Kind oftmals davonlaufen. Als
Kinder wollen doch alle noch davonlaufen und kommen
doch nie über das Laufstallgitter hinaus. Dann weinen sie
nur, und es bleibt ungewiss, ob dies ein Weinen oder ein
Schreien war. Das Leben stellte sich dereinst als Laufstall-
Leben heraus.
    Sie aber fuhren bald weiter und erreichten zu dritt noch
vor Ende des Tages das Himmelreich.

Bei Heidi. Kleine Kneipe am Hauptfriedhof

Und doch. Auch Heidi fragte beim Weggehen nach ihm. Dem Amerikaner. Das war noch nach Jahren.

Sie waren oft zusammen hier gewesen, die zwei, drei. Er manchmal auch mit ihr und ihm.

Das hätte ein Maler mit ein paar Strichen festgehalten.

Nachmittags kamen die Leute hier von den Beerdigungen auf ein Kaffeegedeck vorbei, doch auch dieses Geschäft lief immer schlechter. Und nach Dienstschluss kamen die anderen, die Friedhofgärtner, die sich zum Vesper am Morgen auf einen der Särge setzten, und so fort. Jene, die nach getaner Arbeit noch am Tresen zu *Marmor Stein und Eisen bricht* aufgelegt waren.

Manchmal rauchte Heidi auch zwischen dem Mitsingen, das ging, sie fand ja auch bald wieder hinein, wie andere in den Gleichschritt, nach dem Austreten, so Heidi in den Takt zwischen ihren Glimmzügen. Statt einer Atempause machte sie einen Lungenzug.

Andere rauchten im Bad und im Bett, wo sie eigentlich schlafen und sterben sollten.

Die Raucher waren doch die Sympathischeren, und darauf kam es schließlich an im Leben, das Wort »pati« (pati: leiden, Sympathie: mitleiden) steckte ihnen allen in den Knochen, auch wenn sie es nicht wussten »mit tausend Sünden im Gesicht« und auf den Werbeclips dasaßen wie Mickey Fox und sagten: »Ich rauche gern.«

Einige von ihnen hatten überhaupt noch nie eine gedruckte Einladung bekommen mit einem »U. A. w. g.« darauf. Waren schon seit Jahren auf kein Fest mehr eingeladen worden, vielleicht noch nie, und ein eigenes hatte es nie gegeben, der Weiße Sonntag war vielleicht das erste und letzte gewesen. Aber dazu mussten sie schon katholisch gewesen sein. Doch auch auf den Festen, wo jene Menschen zusammenkamen, die dazugehörten, die nach dem Terminkalender lebten und für die jeder Tag schon feststand, nicht nur der Tod, drängten sie alle in die Raucherecke.

Es gab Menschen, die suchten sich die Zugabteile danach aus, und dann rauchten sie, zusammen, stillschweigend und ließen ihre Blicke schweifen, als wäre es etwas Großes.

Heidi gehörte auch zu den stillen Rauchern, die dabei die Welt beobachteten, ungewiss, ob ihr und ihnen dabei so viel einfiel oder ob es nur so aussah, dass sie so wissend dasaßen und in die Ferne schauten. Ja nicht einmal gewiss, ob es überhaupt so aussah, dass sie etwas hätte sagen können oder wollen bei ihrem Gesicht, auf das der Tresen abgefärbt hätte, als wären die beiden ein Ehepaar. Mehr Treue ging nicht.

Und später, als das Rauchen bei Strafe verboten war und jede Packung den Tod in Aussicht stellte, hatte Heidi dann eine potemkinsche Zigarettenschachtel. In dieser hatte die andere Packung Platz, auf der »Rauchen tötet« stand, dahin platziert von Zynikern, miesen Charakteren in allen Parteien, welche die Gesundheitsministerien erobert hatten im ganzen Land. Und auf Heidis potemkinscher Packung war genau an der Stelle, wo nun »Rauchen macht impotent« oder »Rauchen ist tödlich« stand, »Ich rauche gern« platziert. Und auf ihrem Opel Corsa hatte sie einen Kussmund, der ganz ungewaschen war. So fuhr sie in der Welt herum, zwischen den eigenen vier Wänden und diesen hier.

Die meisten Gäste, die Stammgäste, wurden zwar nicht mehr irgendwohin eingeladen, sie trafen sich nur noch jeweils da, wo Heidi war, als wäre sie ihre Herrin.

Zuletzt verbrachten sie eigentlich ihr Leben bei Heidi,

die wirklich so hieß und die es aus Niederbronn-les-Baines hierher verschlagen hatte, in dieses Lokal, das Bei Heidi hieß.

Alle Versuche, es umzutaufen, fruchteten nicht.

Kaum dass sie geöffnet hatte, standen die Ersten schon da. Manchmal mussten sie auch auf Heidi warten. Sie halfen dann, lange vor dem ersten richtigen Gast, beim Hinaustragen des Mülls und so fort. Trotzdem wäre Heidi lieber gewesen, mancher Gast wäre auch einmal irgendwo anders hingegangen. Sie überlegte sogar, in eine andere Stadt zu ziehen, oder tatsächlich nach Amerika, und es niemand zu sagen.

Das war freilich nur so dahingedacht, denn diese Leute hätten es ganz gewiss herausbekommen, wo sie abgeblieben wäre, und wären eines Abends zur Schwingtür hereingekommen in Boise Idaho, dem Potato State, und hätten sich auf den Hocker aus Büffelleder gesetzt, wie sie ja auch schon den Umzug vom einen ins andere Lokal, von der Möwe in die Brennnessel und so fort mitbekommen hatten. Das war noch gar nicht so lange her gewesen. Da hatte Heidi groß Abschied gefeiert, sie wollte nach Amerika oder wenigstens ein neues Leben beginnen. Ein Stück weit kam sie auch. Das nächste Lokal hieß Dollywood. Das sollte eine Anspielung auf ihr geräumiges, prachtvolles Format sein. Ihre wallenden Gewänder kaufte sie bei Mollywood. Die hatten Seidensachen in den ausuferndsten Farben, die aus Bollywood kamen, als wäre Heidis Leben ein unreimer Reim gewesen.

Die Brennnessel lag im schmalen Schlitz zwischen Autobahnauffahrt West und dem Baggersee. Und hatte etwas von Raststätten-Imbiss und Sommer-Kiosk.

Im Westen kam dann praktisch nur noch Amerika, erst noch ein Stück Frankreich, wo sie sowieso nie hingingen, und dann nur noch das Meer bis Amerika.

Und bald darauf, am Ende, übernahm sie eben die kleine Kneipe am Hauptfriedhof. »Gestorben wird immer!« Sagte sie. Das stimmte. Aber mit dem, was danach kam, hatte sie sich verkalkuliert. Denn die Beerdigungen und die Beerdigungsgäste wurden immer weniger. Und wer noch eine richtige Leich' wollte, dem war Heidis Kneipe danach zu wenig. Und ein paar Wochen später verzieh ihr auch Karl Heinz, der wohl vernahm, dass er immer wieder abgeschüttelt werden sollte, und herausgefunden hatte, wo Heidi nun war, dass dieser Abschied eine Show war, und setzte sich gleich wieder in ihr nächstes Lokal, das nun eben vis-à-vis des Haupteingangs zum Hauptfriedhof gelegen war, wo er den Tag über immer wieder Fahrzeuge sehen konnte, die nun bald am Ziel waren, und Karl Heinz hatte bald wieder seinen festen Platz am Tresen, wo er von Heidi und den anderen mit Küsschen begrüßt wurde, dabei hätte Heidi ihm am liebsten ein lebenslängliches Lokalverbot erteilt. Bald fuhren die Fahrzeuge nicht mehr durch diesen Haupteingang, das passte nicht mehr in die Zeit, sondern durch den Lieferanteneingang hinter dem Krematorium, das an der vom Haupteingang entferntesten Stelle des Hauptfriedhofs lag.

Karl Heinz konnte das Schauspiel nun nicht mehr beobachten, von seinem sicheren Platz am Tresen aus, und eines Tages gab es dieses Lokal und Karl Heinz auch nicht mehr.

Karl Heinz war sein Leben lang ein Genie im Dabeisitzen gewesen, so sehr, dass keiner bemerkt haben würde, hätte er gefehlt, und doch wären alle unglücklich gewesen gerade wegen ihm. Wäre er einmal nicht mehr da gewesen. Hätte er einmal gefehlt, wäre der Abend verdorben gewesen und nichts mehr wie bisher und die Welt nicht mehr vollständig. Außer für Heidi vielleicht. Aber Heidi war auf einen wie Karl Heinz angewiesen.

So eine war Heidi, ganz unverwechselbar. Sie hätte es nicht einmal zur Mitläuferin geschafft oder gar zur Klassensprecherin. Im Schulorchester, wo alle ein Instrument übernehmen mussten, blieb ihr die Blockflöte. Beim Völkerball war sie zwar auch auf dem Spielfeld, aber lief immer nur irgendwie mit, hat nie den Ball bekommen und wurde immer als Erste abgeschossen.

Nebenan saß noch Hansi, das männliche Pendant, der so unauffällig war, dass keiner bemerkte, dass ihm die Kuppe des rechten Zeigefingers fehlte, abgebissen vom eigenen Hund, der daraufhin nicht eingeschläfert wurde, sondern auch noch, als wäre es zur Belohnung, das Weggebissene auffraß; und der Zeigefinger fehlte fast ganz, warum, wusste auch niemand, so dass Hansi seine Zigaretten zwischen dem mittleren und dem Ringfinger rauchte und seine Finger ganz weit spreizte, ohne dass dies schwul ausgesehen hätte.

Und keiner hätte jemals sagen können, ob die zwei Links- oder Rechtshänder waren. Mit solchen unbedeutenden Leuten hätte sich ein anständiger Mensch sein Leben lang nicht abgegeben. »Noch einen Asbach, Heidi!«

Die Zigarette hielt sie eher nach hinten. Mit einer fast im 90-Grad-Winkel gespreizten Hand mit dem riesigen roten Stein aus Kunstglas, als zöge er sie hinunter, das war ihr Wappen. Immer wieder fiel ihr die Asche auf den Boden. Das war die einzige Besonderheit. Und dann noch diese: Sie kannte alle Titel und Nummern der Musikbox auswendig, in der richtigen Reihenfolge, das war ihr Stolz, und sie sagte dann zum Beispiel »K 7« oder »H 8«.

Und ein Neuzugang im Musikboxangebot, was eher selten war, konnte der Vorsprung einer ganzen Woche sein. Da war eine Begabung und eine Kenntnis, mit der sie in der Welt nichts werden konnte.

Das war in der Zeit, als es schon abblätterte. Aber diese

Beine hätten Sie auch einmal sehen sollen! Er traute sich nicht »Arsch« zu denken, obwohl er mittlerweile doch schon drei Tulpen hinter sich hatte.

Und dann driftete Hansi schon wieder ab, irgendwo unterwegs, in zwei Arschbreit hohen Kornfeldern, als hätte einer auf das alles schon ein Gedicht geschrieben.

Man kam kaum hin, brauchte ein Auto, standesbewusste Säufer ließen sich vom Taxi vorfahren, die Monatskosten für das Taxi lagen leicht unter dem Sozialhilfesatz, zum Glück gab es für manche einen Warenkorb und ab und zu ein hartgekochtes Ei bei kaum einmal auftretendem Hunger in diesen Kneipen immer in den schlechtesten Lagen, und da hatten sie dann ihren festen Platz, um den es hätte einen Krieg geben können. So vergingen die Jahre auch dieser Randfiguren des Lebens, das sich im Fernsehen abspielte seit Einweihung des Farbfernsehens per Knopfdruck des Intendanten. Zehn Jahre später waren sie alle so um die fünfzig und würden mit einer Hingabe *Wir sind alle über vierzig* mitgrölen. Das war lange her.

Ungewiss, ob es Glück oder Unglück war in diesen Gesichtern. Und dazu lief links oben nun auch die ganze Zeit der Fernseher, und Heidi brachte ein Herrengedeck nach dem anderen. Heidi war eine geborene Wirtin. Sie musste das gar nicht erst werden. Dabei hatte sie eigentlich das Zeug zum Mauerblümchen. War es ja auch, im Blick auf das Leben.

Was sonst noch war, weiß man nicht. Wie es bei ihr zu Hause aussah. Und ob es da auch noch einen Mann gab, mit dem sie am anderen Morgen hadern konnte, und wäre es Gott persönlich gewesen, dem sie vorwarf, dass er nicht da war, dass es ihn nicht gab. Irgendjemand musste es ja sein, der für ihr Leben verantwortlich war.

Wie sie dann doch nach ihm fragte, kurz vor dem Weggehen. Auch sie hatte den Amerikaner da stehen gesehen,

wie er mit seinem Gesicht aus dem norwegischen Skipullover herausschaute, der Gast aus Miami. In einer Pause zwischen zwei Glimmzügen. Vor zehn Jahren vielleicht.

Und wie sie dann mitgrölte, zum zehnten oder zwanzigsten Mal »Wir sind a-lle ü-ber vier-zig, hab'n im Le-ben
nichts ver-misst. Tiefe Spuren in unsren Herzen, tau-send
Sün-den im Ge-sicht«, und kein Einziger hätte sie dabei
ins Visier genommen, nur ein ganz begnadeter Säufer vielleicht. Ihre Sprache? Nein, nicht so wie »Willkommen in
der Gosse, Bruder«. Brüderlich und schwesterlich, und gewiss gab es in den besten Familien Streit, zuzeiten fehlte
deswegen ein Zahn, und der Rotkreuzwagen stand man-
ches Mal bei Heidi, die es dann gar nicht weit hatte. Vis-
à-vis der Eingang zum Hauptfriedhof und ganz hinten
das Krematorium. Den Schornstein allerdings, wo die Reste verbrannt wurden, konnte man noch von Heidis Tresen
aus sehen. Und auch den Rauch. Es war, laut Gesundheits-
amt, Sondermüll. Vorerst saßen sie noch hier.

Und dann hieß es »der Klaus hat dem Jürgen …« oder
»Uwe und Ulli – ich kann's nicht mehr hören – Quatsch mit
Soße!« bis zum Lokalschluss oder Lokalverbot. Sie sangen
am lautesten, gerade weil es am dunkelsten war. So sangen
sie über alles hinweg.

Schließlich fand man sie, in ihren Sachen liegend.

Gegen den Tod kam das Leben nicht an.

Und als sie gestorben war, kamen sie alle noch einmal bei
Heidi zusammen.

So viele waren es wiederum auch nicht. Und die Runde
kam auf sie und ihre Schandtaten zu sprechen, alle. Und
rühmten sie als etwas Einmaliges. Das stimmte. Und mehr
konnten sie auch fast nicht sagen. Ihre Augen glänzten beim
Namen Heidi: »Sie war toll!« – zu mehr Sprache reichte es
nicht, aber für einen riesigen Kranz in Herzform, für den
sie zusammengelegt hatten, die Hälfte von Hartz IV ging

drauf, damals noch Sozialhilfe. Die Todesanzeige, telefonisch durchgegeben, wurde niemals bezahlt. Heidis Kontonummer stimmte ja nicht mehr. Die *Badische Zeitung* wusste nicht, gegen wen sie prozessieren sollte. Und das war auch schon alles. Richtige Sätze zu ihr fielen keinem ein. Über »toll« und »wunderbar« kamen sie nicht hinaus. Sie hatte ja auch nicht viel gesprochen, nur Bier ausgeschenkt, geschaut und geraucht und mitgesungen.

So eine kann sich überall einleben, hätte man von ihr bei denen gesagt, die sie nicht kannten, draußen, als sie noch lebte.

Etwas anderes war nicht vorstellbar.

Frau Mors

Im *Südkurier* las er, dass die Altlöwenwirtin im Café Mors in Pfullendorf angefangen habe. Mit einem solchen Namen konnte sie nur in Wien oder in Pfullendorf oder Meßkirch etwas werden, wo der Tod immer schon die Hauptperson war und blieb.

Frauen

Sie lud auch noch zum Essen, wo sie schon für sich nicht kochen konnte.

Und dann auch noch Mufflon. »O-O«, sagte sie, als sie den Braten herausnahm und sah, wie er verbrannt war. Sie hätten hören müssen, wie es klang.

Sie

Yacht bei der Ausfahrt am 6. August. Sie stand erst auf dem Hinterdeck. Von der Landseite aus waren es Augen, die ihnen aufs offene Meer folgten, als hätten sie es geschafft.

Paar. Sie sah nach Trophäe aus.

Sie hätte ihn, den Mann im stilsicheren Outfit, gerne gefragt, was für ein Tag das war.

Er wusste das auch nicht.

Sie stand mit verschränkten Armen an der Reling, schaute nach unten, ging so, während sie abstießen, das Achterdeck auf und ab, als dächte sie über den Sinn des Lebens nach.

Gesine Poisson

Sie hieß Gesine. Das hörte sich für ihn immer nach Migräne an und Überspannung.

Er sah dabei eine rotblondhaarige Frau mit Idealgewicht und gespreizten Fingern an der Stirn und etwas nach oben gerichtetem Haupt, die Designerhose kombiniert mit einem hellblauen Kaschmir, rosa Bluse und einer freiliegenden Perlenkette für den Hausgebrauch, die Haare so leicht nach hinten und hörte sie »es geht jetzt nicht« sagen.

Emilys Hauptthese

war, dass Heteros nicht zusammenpassen. Das hatte sie wohl, so gescheit sie war, aber eher sonst wo aufgeschnappt. Wie auch immer: Der Satz leuchtete Roland auf Anhieb ein, und er übernahm diese These: Freundschaft zwischen Kerl und Weib im Vollbild sei nicht möglich, nur Sexualität. Das Bett sei der erste Kriegsschauplatz des Menschen als Mann und Frau.

Wer wollte dem widersprechen! Beide könnten nur dann kommunizieren, je mehr sie jeweils Anteile vom anderen Geschlecht in sich selbst verspürten, warf sie in einen Raum von soziologisch geschulten Betroffenen. Wer wollte dem widersprechen!

Sie waren sich einig, dass die Männer Böcke waren, ob Franz Sales aus Lebensweiler oder Mohammed aus dem goldenen Isfahan, die hören wollten und sehen, wie Marilyn Monroe oder so eine »Die Männer sind alle Verbrecher. Ihr Herz ist ein finsteres Loch« sang.

All die Mohammeds und Karls und Jims.

Es reicht!

So sprach seine Frau: Wenn ich schon in Schweinfurt geboren werden musste und dies so in meinem Pass steht, dann
möchte ich nicht, dass auch noch mein Kind dieses Schicksal haben wird, also werde ich zur Geburt von Ann-Sophie
nach Wiesbaden fahren, das klingt besser. Ich möchte nicht
auch noch in Schweinfurt sterben und begraben sein. Ich
möchte mit Schweinfurt nichts mehr zu tun haben, ein für
alle Mal. Daher lasse ich mich verbrennen, aber nicht in
Schweinfurt, und »meine Asche soll im Meer verstreut werden oder über Berlin«.

Lou

Alle hätte sie haben können, aber sie wollte doch nicht wegen eines Mannes auf das Leben verzichten. Also konnten
sie alle haben.

Was für ein Aufwand an unsinnigen Handgreiflichkei-
ten, und die Hände selbst, die eine da, die andere dort, auf
das sich ein zufällig dazustoßender Marsbewohner hätte
keinen Reim machen können, Angst bekommen hätte im
Anblick eines Paars, das sich in einen Orgasmus hinein-
ritt, und zwar ununterscheidbar, ob im Käfig der Androiden oder im Freiluftgehege des Menschentiers, des bluts-
verwandten Homo erectus necans videns amans. Was sie
da machten, als ginge es um Leben und Tod? – Hätte der
geglaubt, einschreiten zu müssen oder sich einfach nur ge-
ekelt vor diesem Anblick und den bald vergessenen schmutzigen Betten und Käfigen?

An sich ging Roland eigentlich gerne in den Basler Zoo.
Doch der Anblick kopulierender Menschenaffen im Gehege der Androiden hatte Roland jedes Mal aufs Neue ver-

stört, so dass es auf dem Nachhauseweg jedes Mal in Mitleid mit dem Affenmenschen umkippte.

Irinissima

Nun waren die zwei umgezogen, zu Mohammed, während Roland in dieser Wohnung in der Helmstedter Straße, zwischen Einstein und Gottfried Benn, zurückblieb, und über ihnen wohnte weiter die wunderbare Pianistin Irina, Irinissima, eine in diese Stadt verschleppte Russin, schon über achtzig, die ihn oftmals tröstete, ohne es zu wissen, spielend, und wenn sie in schlechtestem Deutsch etwas sagte, waren es immer Sätze wie »Wo Deibel nicht hinkommt, schickt Weib«, angeblich russische Sprichwörter. Aber dort wusste kein Mensch davon. Und wenn sie steckenblieb beim auswendigen Skrjabin, stand sie auf und entschuldigte sich »Meine Damen Herren Sie nichts dafir kennen, dass ich geworden bin so alt«.

Gabriele

Sie hatte erst geweint vor Unglück, als sie vernahm, sie habe 400 Millionen Franken geerbt, Anteile an einer deutschen Lebensmittelkette, das war 1978, und sie war 24, genau in einer Zeit, als man sich noch schämte für sein Geld, damals, als es schon eine Schande war, in der Schweiz ein Konto zu haben, besonders wenn man jung war und eigentlich die Welt retten wollte. Nach und nach fügte sie sich aber doch in ihr Schicksal.

Bald wurde sie vernünftig, man musste ja den Traum der

besseren Welt nicht aufgeben, und hat sich mit Otto zusammengetan, den sie aus der WG in der Milchstraße kannte, und das Geld war gut angelegt. Ihre Eltern, was aber keine Rolle gespielt hatte, bisher, kannten sich schon vom Adelsball auf Ellmau, und Otto würde eine solche Summe auch einmal ins Haus stehen, was aber keine Rolle spielte, wenn es um ihre Ansichten von der Welt ging.

Sie saßen nach wie vor auf dem Boden und fuhren mit einer alten Ente herum und lauschten Bob Dylan, wie immer. Sie waren nun von zwei Seiten her nach Abzug der Erbschaftssteuer bei über einer halben Milliarde angekommen.

Am Ende merkten sie, dass dieser Dö Sche Wo gar nicht so schlecht war für sie. Auch zur Tarnung. Aus Angst vor Entführung sind die beiden bei einem Kleinwagen geblieben, und mit den Jahren haben sie dann auf einen Opel Kadett umgestellt und fuhren so die Filialen im Rhein-Maingebiet ab, ungewiss, ob aus schlechtem Gewissen oder aus Angst vor Entführung. Bob Dylan aber hörten sie immer noch und machten sich über ihre Verwandten in Smoking und Abendkleid lustig, selbst ein Anzug kam für Otto niemals in Frage, sowenig wie ein Kleid für sie. Und alle duzten sich und küssten sich bald links und rechts, als wären es Ohrfeigen.

Diese Räuberhände!

Sagte Andrea immer, die auch noch Gefangenenbetreuung machte. Sie liebte diese Art Liebe, mit der sie von solchen Händen bedacht wurde. Hände, die wussten, wie es ging. Sie hatte mit hundert oder tausend Männern geschlafen und von jedem danach ein Ganzkörperfoto gemacht. Sie hatte ein ganzes Album voll, wie ein Poesiealbum, nur an der Stelle der Rosenbouquets und Engelchen für kleine Mädchen war eben einer dieser Männer zu sehen, wie es sie unbestreitbar gab auf der Welt, und nichts sonst, das war alles, was sie noch hatte. Wer da alles abgebildet war, bis hinauf zum Minister!

Die Fotos gab es vorerst immer noch. Andreas Fotos waren ganz individuell, sie hat immer die jeweilige Schokoladenseite aufgenommen, aus ganz verschiedenen Perspektiven, manchmal saßen sie auf dem Kühlschrank. Viel Platz war nicht: Aber wohin damit beim irgendwann, bald, in dreißig Jahren anstehenden Umzug in das Haus für Betreutes Wohnen? Wo war in dem altersgerechten Zimmer ein Platz für ein Geheimnis, und wäre es ein letztes Nacktfoto eines lange verstorbenen oder sonst wie im ebenerdigen Leben verschwundenen Geliebten gewesen, das sich bei all den Umzügen bis hierher gerettet hätte?

Und was war aus all diesen Männern geworden? – Auch nichts Rechtes, alle verheiratet, und kein Einziger davon mit ihr, soweit die Erinnerung reichte. Endeten bald Besoldungsordnung R, höchste Besoldungsstufe als Volljuristen, Vollidioten, Kammergerichtspräsidenten, hochbegehrte Tisch- und Tanzherren und Damenredner bei der Weihnachtsfeier im Wohnstift Augustinum, und waren bis zu ihrem Tod verbeamtet auf Lebenszeit, als wären sie nun für dieses Leben unsterblich. Einige davon gewiss schon tot, als wäre es ein Naturgesetz, dass Männer früher an der Reihe sind und nur hochdotierte Witwen oder völlig vereinsamte, allein gebliebene, jahrelang von der Engelsburg gesprungene Opernsängerinnen, die einst die großen Häuser der Welt füllten, vorerst überlebten.

Ach, das Leben und seine schmutzigen Betten und ungewaschenen Erinnerungen.

Was für ein trauriges Nachspiel es doch war, das spätere Leben, das einer morgenfrühen Sehnsucht, wunderbaren

Erektionen und ersten himmlischen, unsterblichen Orgasmen folgte.

Winzerin Amanda

»Ja, ich kannte sie«, sagte er sich. »Ich habe sie kennengelernt.«

Die Winzerin Amanda mit den fehlenden zwei Frontzähnen hat ihren Sohn, der aussah wie Sacha Distel in seiner besten Zeit, also ziemlich das Schönste war, was damals in Schweinfurt herumlief, auf Stundenbasis vermietet, ein Zubrot, das sie gar nicht schwesterlich teilte, zehn Mark. Die Putzfrau vom Zahnarzt Hotz nahm schon zwölf Mark. Mehr oder weniger verwitwete Metzger, Männer aus der Prinz-Heinrich-Kaserne und so fort kamen ins Haus und bekamen diese Art Herrengedeck. Amandas Erklärung, den Kunden gegenüber, war einleuchtend: Sie bewahre ihren Sohn auf diese Weise vor den schlechten Einflüssen der Welt draußen und der Gleichaltrigen, und auch davor, dass er schon mit siebzehn Vater wurde und heiraten musste. Nicht jeder Siebzehnjährige hätte das mit sich machen lassen. Sie wollte, dass ihr Sohn bis zur Hochzeitsnacht Jungfrau blieb in Sachen Frauen. Das war ganz so wie bei den Verliebten aus dem Nahen Orient, die den Analverkehr praktizierten, um – jetzt reicht's.

Frau

Einmal sollte er ihm die dümmste Person nennen, der er in seinem Leben begegnet war.

»Es ist – sorry«, sagte er, »eine Frau. Das dürfte Alice Schwarzer nicht hören.«

»Ich sage nichts«, sagte der andere. Und dass der Mensch dumm geboren wird und stirbt.

Da dachte der andere an sie. Und an sich selbst und an Alice Schwarzer.

Und auch noch an die neuesten Ergebnisse aus den USA und was sonst noch dazwischenkam: »Positives Denken macht uns alle dumm.«

Das wusste er doch selbst, als wären dazu die neuesten Ergebnisse der Hirnforschung aus den USA nötig.

Jane Adams

Friedensnobelpreisträgerin. Feministin. Pazifistin.

Der Engel der Entrechteten wurde als gefährlichste Frau Amerikas denunziert.

Jungen Süditalienerinnen wurde beigebracht, ihre Babys nicht mehr in Olivenöl zu baden. Sie sah sich als Nachbarin.

Evelyn

»Da kommt mein Portemonnaie!« Sagte sie und zeigte auf ihren Mann. Sie hätte genauso gut »Mein Grabstein« sagen können.

Später würde sie einmal den schönen kleinen Findling in ihrem Vorgarten blau anstreichen und seinen Namen draufschreiben, damit es nicht so teuer kam. »Er sieht es doch nicht mehr!« Würde sie sich sagen. Nur der Transport auf den Friedhof würde sie noch etwas kosten. Aber auch dafür würde sich eine Lösung finden. Der gute Karl! Im Grund war sie ihm doch sehr dankbar, dass sie nun ein so schönes Haus hatte und eine Witwenrente dazu und dass sie nun jeden Tag mindestens einmal »Mein Mann war nämlich Architekt« sagen konnte. Fremde gab es überall.

Sie las: »Streng vertraulich …« Es musste sich also um Gelddinge handeln, es konnte gar nicht anders sein, da, wo sie lebte, in seinem Land mit seinen Menschen, vielleicht um die Übersendung der Geheimnummer. Bald starb auch sie. Ihre Erben waren die Katzen Wiens.

Trau dich!

Hatte sie ein paar Jahre lang auf die Mailbox gesprochen, und dann Amerika.

Auch der Geliebte machte viel mit. Und als ob dies nicht genug gewesen wäre, starb er auch noch eines Tages, vielleicht auch nachts.

Zwei Frauen (Freundinnen)

Nach einem Streit von zwei Frauen (Freundinnen) um einen Mann sagte die eine:

»Kannst ihn haben …«. Als wäre er eine Kokosnuss.

Emily

Das Problem der Zahnstellung gab es zu allem auch noch. Von ihr hing oftmals ein Leben ab, bis hinauf zum Schützenkönig. Es sah bei Emily nach Lächeln aus (als wäre sie ein lustiger Mensch). Dabei war es nur die Idee von zwei Hasenzähnen wie bei Onkel Felix. Das Hasenzahnvollbild von Onkel Felix, in der Dentistensprache: seine Zahnstellung hatte auch ihr Gutes. Man fühlte sich gemeint von ihnen und war immer in eine gute Stimmung versetzt, als wäre alles gar nicht so schlimm. Er hatte ein Schwammdrüber-Gesicht. Und Emily auch. Und der Mensch wollte auf der Stelle Pferdestehlen mit ihr, wo er gerade noch gedacht hatte, sich das Leben zu nehmen. Dieses Gesicht stand ihr. Roland liebte sie so, wie sie war, und hätte es nicht durchgehen lassen, hätte ihr ein Kieferorthopäde auf zwei Jahre eine Zahnspange aufschwatzen wollen.

Sur

»Ich brenne«, hätte sie gesagt, hätte sie einer gefragt.

Frau an Bushaltestelle an einem Tag um fünf Uhr morgens auf dem Weg in die Stadt, wie sie sich die Haare aus dem Gesicht streicht.

Eine einfache Frau

Nur das dazugehörende Leben war komplizierter.

»Zu ihrer ledig geborenen Tochter, wie hätte es anders sein können!«, sagte er:

Den ersten Satz habe ich schon, das heißt »Wie diese Geschichte beginnt, im Winter, im Schnee, morgens um halb
sechs, auf dem Weg zur Frühschicht in die Maggi« ... und
auch wie diese Geschichte endet.

Eine einfache Geschichte wie bei Verga, *Per le vie – Auf
den Straßen.* Was für ein Ehrgeiz!

Dazwischen muss er irgendwo den Hauptsatz der Geschichte platzieren:

»Ich brenne«, sagte sie.

Das Feuer hat keine Geschichte.

Es brennt und gleicht ihrem Heimweh.

Die Klavierlehrerin

(Noch eine ungewaschene Erinnerung an die Liebe)

Sang: »Ich bin dein Gärtner – mein schöner Stern, ich
bitte dich.« Sang Robert Schumann.

Es gab nicht nur eine Klavierlehrerin. Aber diese hier war
einzig.

Von allen Erinnerungen, die es doch gab, war die ungewaschene Klavierlehrerin eine der intensivsten, geliebtesten,
so dass er mit seiner Nase die Orte durchging, wo er mit ihr
gewesen war: Sommer 1983, ganz nahe auf seinem Schemel
bei ihren Achseln, und er wuchs noch aufs Leben zu. Doch
nie war er ihm nähergekommen. Als wäre es ihr zu viel gewesen und sie wollte etwas loshaben. Der Tag war heiß. Und
dann kam dieser Junge, der er war, und der saß neben ihr
und hörte, wie sie ihn nun dazu aufforderte: »Spielen Sie!«
Doch er kam nicht weit. Und nun machte sie ihm vor, wie
es ging. »Schauen Sie auf meine Hände!« Und sie spielte. Er
konnte nicht genug bekommen davon, bei seinen Jahren,

wissen Sie. »Schauen Sie auf meine Hände!« – denn mittlerweile waren seine Augen nach Süden gerutscht, nach unten hin, wo die drei Klavierpedale waren, denn das Klavier war etwas Besonderes von der Firma Schimmel, Braunschweig.

Und sie sollte auch noch weiterspielen, und seine Augen vermischten sich nun mit dieser Musik und dem Geruch von zurückgelassenem Leben. Der Übermut des Jungen beim Zusehen. Sie kam sich mit einem Mal sterbensalt vor. Sie war doch schon bald fünfzig, dachte sie. Die eine hatte es hinter sich, dachte sie. Beide quälten sich mit Spontini, dem Mann aus Maiolati, der ganz weit weg war an diesem heißen Nachmittag. Und ein Stockwerk höher ging das Leben auch weiter. Nun war er wieder an der Reihe.

Sie schaute ihm auf die Hände. – »Wo sind deine Hände schon wieder?« – dachte er sich und mühte sich an diesem Instrument ab, und sie putzten, je für sich, in Gedanken das Bad, allein, um voneinander wegzukommen. Sie von ihm, dessen Hände wie Pioniere auf Expedition des Lebens unterwegs waren, immer wieder gefährlich weit nach links zu ihrer Seite hin ausschlagend. Er von ihr. Doch die Gedanken an sie und von ihr weg hielten sich die Waage. Aber es waren ja keine Gedanken, es waren Stiche.

Nie verging die Zeit schneller, als wenn er sich ihrer erinnerte und sie aufschrieb.

Frau Mann

Seine zweite Klavierlehrerin sprach später von seinem charismatischen Körper und seiner Tatze im Streicheln. Eine Naturbegabung. Das sah sie, wie er über diese Tasten fuhr, sagte es aber nicht. Der Mutter gegenüber sprach sie von seinem ganz ordentlichen Anschlag, als diese ihn nach

Hause abholte, und sie schien gesehen zu haben, wie er, der hinter seiner Mutter stand, als diese mit Frau Mann sprach, dabei errötete im Spiegel.

Er war für sie unerreichbar. Noch. Sie dachte sich nur zu seinen Händen hinauf und hinunter.

Bald würde auch diese Zeit vorbei sein. Es blieb ihr nur noch eine Frist von Jahren, und dann würde er den Führerschein machen und von ihr und allen, die gesehen haben, wie er vom ersten Tag an wuchs, denen er eine Augenfreude war, davonfahren.

Das war eine blonde Geschichte.

Sunrise

Sie kam aus dem Saarland. »So groß wie das Saarland« – dieser Maßstab hatte bei ihr immer herhalten müssen, wenn sie sagen wollte, dass etwas nichts war. Ihre Todesanzeige setzte sie selbst auf:

»Sie ist nicht sanft entschlafen. Sie hatte keine Geduld in ihrem Leiden« – usf.

Doch diese Todesanzeige erschien niemals.

Bei ihrer Mutter hatte es noch geheißen: »In einem mit großer Geduld ertragenen Leiden … Wohl vorbereitet« – und nun: »nicht wohl vorbereitet … nicht mit großer Geduld – es war unerträglich.«

Sie kaufte Großpackungen Camelia, um ein Leben vorzutäuschen.

Selma. Via Paradiso, Monte Veritá

»Herr Doktor, lassen Sie mich dieses Mal bitte schlafen!« – Das war dann auch ihr Schlusssatz, deponiert auf dem Nachttischchen mit der Atomzeituhr. Endlich Stille. Eigentlich war sie schon ein Leben lang mit diesem Satz auf ihrem Gesicht herumgelaufen.

»Mein Gott, mein Gott«, schrie Egon, als der Rettungsdienst kam, so dass man es bis nach Minusio hörte. Man musste ihn einschläfern. Der Papagei war ihr Alleinerbe.

6. Jim

Mamma

Sie sah als Erste diesen jungen Mann mit Mario herein-
kommen, und der Ledergürtel hatte eine Schnalle, die fast
so groß war wie beim Bremer Roland, wo man die Engel
singen hören konnte und sehen. – Aber niemand in Mammas Nähe sagte damals ungestraft »cazzo«. Solche Wörter
und Gäste duldete sie nicht in ihrem Lokal. Solche Gäste
mit solchen Wörtern kamen erst gar nicht zu Mamma.

Wer wollte, konnte das Haar sehen, das von den Unter-
armen unter dem Hemd bis zur Brust hochwuchs und dort
wieder zum Vorschein kam, als wäre es ein unterirdischer
Fluss, der an der schönsten Stelle wieder an der Oberfläche erscheint, wie die Donau bei Tuttlingen, der Stadt von
»Kannitverstan«. Auch Mamma sah dies und Chiara auch,
die sich auf diesen Jim noch keinen Reim machen konnte.

Daneben ihr Bruder. Er sah ja wieder einmal so aus, dass
Chiara immer ans Schlimmste denken musste, wenn er von
irgendwo zurückkam. Immer sah er ein wenig so aus, als
käme er gerade von einem schönen, aber besser geheim zu
haltenden, schmerzlich ausgegangenen Erlebnis zurück.

Und war nun schon dabei, zu alt zu sein für diese Art
Liebe. Mario war schon über dreißig. Mario musste schon
für alles bezahlen. Für Sonderwünsche gab es einen Auf-
preis mit Wörtern, welche ihm die Anbieter in den Toiletten der Hauptbahnhöfe von Triest und Venedig ungeniert
bekanntgaben. Es war aber auch hier manchmal Barmherzigkeit dabei. Auf beiden Seiten. Die Stricher am Tag-
liamento waren damals noch alle katholisch und träumten
von einem Ferrari, der Rest war Mitleid. Es war eine Liebes-
generation nach Pasolini, der an diesem Fluss gewesen war

und gelebt hatte, zum ersten Mal, so dass er später *Amado mio*, noch so einen Liebesroman, schreiben konnte, der am Fluss spielt, unter den Weiden und dann wieder mit dem Fahrrad ins Dorf zurück, und das war schon fast alles.

Am Meer bei Latisana konnte man seine Unterhose zweimal sehen: einmal, wie sie auf den Steinen lag, wie sie weiß unter dem Kissen hervorschaute, hervorblitzte, zu dem er seine Jeans zusammengerollt hatte, und einmal als Negativ auf der Haut, als ausgesparte Fläche, für einen Amerikaner, auch Italiener ganz ungewöhnlich, sich so zu zeigen, wie Gott ihn geschaffen hatte oder nicht. Er sah wie ein Foto von Bruce Weber aus.

Quasi am Nullpunkt angekommen, ganz ohne Sprache für dies alles, griff Mario, Mammas geliebter Sohn, zu seinen Zigaretten und ließ vor Aufregung das Streichholz auf das lumpige Tischchen fallen, mit der groben Karte von der Welt aus Polyester, als Tischdecke für dieses schäbige Möbel gedacht, und der glühende Streichholzkopf fiel auf Afrika und brannte ein großes Loch in die Demokratische Republik Kongo, damals Zaire, fast so groß wie das Ozonloch von 1978, das vom Mond aus zu sehen war.

Am anderen Morgen war er nicht mehr da.

Mamma saß weiter an derselben Stelle im Lokal, an der Kasse, und Mario würde nun niemals mehr nach oben gehen und eine Tafel Schokolade unter sein Kopfkissen legen können.

In einem Zimmer in der Pension in der Via Odoardo Beccari aus dem 18. Jahrhundert versuchte dieser Mensch nun an dem anderen herumzufummeln, an derselben Stelle. Jim forderte diesen Menschen auf, etwas anderes zu tun. Das sollte die Liebe sein? Das hatte nun überhaupt nichts mit der damals so genannten Homosexualität zu tun. Es war mehr ein Unterwegssein mit den Händen, erst ein Staunen und eine Neugier, dann ein Kopfschütteln und ein »Du kriegst gleich eins auf die Pfoten!« – und Jim, betrunken wie er war, wunderte sich, wie weit er mittlerweile von Amerika entfernt war.

Danach wusste der Amerikaner nicht, was er an diesem Tag noch machen sollte, denn der Professor hatte sich bald verabschiedet, ohne eine Adresse zu hinterlassen. Sagte, er werde morgen wieder vorbeikommen. Also schlenderte der Amerikaner durch die Stadt, die ihm gefiel, ging über den Rathausplatz, unter den Arkaden der Uffizien zum Arno und sah den Ponte Vecchio und entdeckte beim Denkmal für Benvenuto Cellini die fließende Zeit, sah auf den Arno hinunter, und schon war er beinahe 24 Jahre alt, und ging dann, gleichsam zurück, in Richtung Santa Maria Novella, wo der unter Mussolini in feinstem Marmor gebaute Hauptbahnhof von Florenz lag. Dort lernte er die zwei Sizilianer kennen, die jeden Abend um diese Zeit, bevor der Nachtzug nach Catania ging, ihren Spaziergang machten, als wäre es Heimweh.

Und auf Capri unten der Strand mit den Badehosen, auf denen Emporio Armani stand.

Es konnte auch ohne Badehosen sein, und an der Stelle konnte er dann ein tätowiertes Herz mit dem Pfeil des Amor erkennen, der auch irgendwohin zeigte, hinten rechts, gleich neben dem Zentrum. Mamma und Mario hätten diese Entscheidung nicht treffen müssen.

Aber er war, wie er war, hin- und hergerissen zwischen Uschi-TV, dem Liebeskanal, der irdischen und der himmlischen Liebe, der himmlisch irdischen Liebe.

Die Liebe: Das war das Warten auf die Liebe, und dann kam Jim.

Jim war nun mit der Tochter des Leibarztes von Al Capone zusammen.

Schon lange. In einem schönen Trailer war das. Toby war ihr Name, eine Jüdin aus Chicago, ausgestattet mit dem besten Geschmack, den man sich denken kann, was Männer und Frauen angeht, und all die dummen Geschichten.

Sie fuhren gerade in ihrem Buick Skylark von Miami nach Miami Beach, als er anrief, und so lange dauerte auch das Gespräch. Sie am Steuer, fuhr Jim zum Duschen in die Bay Road.

Und was danach noch kam? Ich weiß schon, dachte er sich am Telefon.

Die Tochter des Leibarztes von Al Capone hatte er nie gesehen. Wohl aber Jim.

Und der eine wusste, wie der andere schaute, so dass Toby beinahe einen Unfall gebaut hätte zwischen Miami und Miami Beach, gerade an der Stelle, wo die Traumschiffe ablegen, oder wenigstens ganz in der Nähe muss es gewesen sein.

Und dann hörte er noch, wie Tobys Wagen sich wieder einfädelte, denn es war wieder einmal nichts passiert, wie fast immer. Nennen wir das Glück? Oder »zum Glück?«. Auch hörte er noch, wie sie nun schon fast am Ziel waren, vor der Bay Road zu stehen kamen, wie die Türen geöffnet wurden, und dann »call me back«.

Es gab eine Zeit, da hat er jeden Tag zweimal angerufen, und das für fünf Dollar pro Minute, von der Telefonzelle aus, die auch irgendwo im Nirvana verschwunden sein mochte, und andere waren in dieser Zeit Millionär geworden. Und er schaute auf die Uhr, als wäre die Zeit von ihr abzulesen, auch jene, und was er sah, war nur, dass es zu spät war. Aber es gab sie und hatte sie gegeben.

Gerade jetzt. Es folgten Erinnerungen, Konvulsionen,

analoge Messages in seinem Hirn, seinem Unglücksspeicher: »I will wait all my life for you and today for your call at 5 p.m.«

Diese Geschichte war diesseits des großen Teichs zu einem Joint Venture aus »Ich liebe dich, Chrysanthemen und Wintermänteln« geworden.

Dann, ein Leben lang, ein einziges Ableben. Zum Beispiel driftete er nun in Erinnerungen ab wie diese: Italien, das erste Mal, am Abend in den Zug einsteigen und am Morgen wieder aufwachen im Liegewagen und nebenan zwei zusätzliche Augen, mir nichts, dir nichts, nicht wie du und ich, als wäre jene Hand in seiner Hose in einem Abteil zweiter Klasse das Selbstverständlichste gewesen auf der Welt, als begrüßte man sich so unter Freunden. »Good morning, my name is Jim!« Was für ein Morgen!

Und mit nichts als Sehnsucht im Bauch kehrte er, als es vorbei war, damals ins Leben zurück.

Von den meisten Dingen wusste er nur das Wort, und auch die meisten Menschen, die er kannte, kannte er nur dem Namen nach und wusste nur, wie sie rochen, aber nicht, wie sie schmeckten.

Weiß nicht, aber ein Leben lang würde Jim so alt wie John Travolta bleiben, auch wenn er nun auch schon doppelt so alt war wie in der Zeit von *Saturday Night Fever*. Na ja, so alt wie John Travolta. Manchmal noch sah er sein verrecktes Gesicht im *SPIEGEL* und *BILD*.

An ihm konnte er auch seine Geschichte ablesen, wie sein Gesicht verreckt war.

Und mit 26 hätten die beiden verwechselt werden können.

Die Briefe, ach, es gab sie noch. Und er versuchte mit Spucke vom Blatt abzulesen, ob das alles echt war.

Die Sehnsucht war damals meine Zukunft, so wie die Erinnerung nun mein Heimweh ist, sagte er sich und nahm sich an diesem Abend fest vor, sich nicht zu besaufen.

Im Nachhinein könnte der Werbeclip für ein Eau der Firma Chanel der Höhepunkt gewesen sein.

Es ist Venedig, es ist Morgen, es ist der Himmel, blau.

Da steht er vor diesem Himmel, ein Haus mit tausend Fenstern, und alle Fensterläden sind zu, und dahinter muss das Glück sein. Doch unten verlässt gerade die Hauptperson das Haus. Jim. Ein Mann. Zwanzig Jahre, bevor er ein Herr im besten Alter genannt wurde. Und die Kamera zeigt eine Totale des Hauses, das er gerade verlassen hat. Es ist eine Stille zum Schreien. Da, gerade im Augenblick, als er dabei ist, hinter der nächsten Brücke zu verschwinden, gehen alle Fenster auf einmal auf und tausend Frauen schreien »Egoiste« hinter ihm her, vielleicht für ein Leben, ein Leben lang.

Und jener, der es gesehen hat, wird dies auch ein Leben lang nicht vergessen.

Aber man sieht nichts mehr außer dem Parfüm, das seines war.

Und die Welt war voll von schön gewesenen Frauen.

Ach Schicksal, du bist blau.

Auch Schicksal des Werbefotografen:

Ein Leben lang fotografieren und nicht mit auf dem Bild sein.

Es gibt noch »stills« davon.

Black Forest

Manche fanden ihn mehr begehrenswert. Andere weniger. Sie mehr.

Er in seinem norwegischen Skipullover.

Und die andere fragte kein einziges Mal mehr »woran denkst du?«, wie sie ihn so im Glück stehen sah.

Vielleicht waren es auch wieder nur Sprachprobleme gewesen.

Er und sie sagten beide »Mountains« und meinten den »Black Forest«.

Der Amerikaner: »Which mountains?«

Der aus dem Himmelreich: »The Black Forest. The Schauinsland.«

Der Amerikaner: »In English: Those are hills, not mountains! Black Forest? – No.«

Am folgenden Wochenende wollten sie wieder eine Tour machen, es noch einmal versuchen. Da sagte der Gast aus Amerika, den Schwarzwald habe er schon gesehen.

Trotzdem fuhren sie dann los und hatten auch noch Hans und Gabi mitgenommen, Verstärkung, da waren sie zu fünft. Irgendetwas mussten sie ihm ja zeigen.

Die Deutschen liebten damals den Schwarzwald noch, und den Himmel über dem Schwarzwald, auch wenn sie es nicht mehr sagten und sich dafür schämten. Aber nicht vor dem Gast aus Amerika, der von dieser Scham nichts wusste. Sie wollten, dass der Amerikaner alles sähe, was sie sahen. So fuhren sie zunächst nach Horben, das war auf halber Höhe, dann über den Gießhübel, wo sie eine Wanderung machen wollten, aber er wollte nicht, dann auf den sogenannten Hausberg, der früher Erzkasten hieß, bis er von blöden Romantikern in Schauinsland umgetauft worden war. Im Haldenhotel gab es eine Schwarzwälder Kirsch. »Too sweet«, sagte er. Und noch einmal: »sweet«. Da war ein Paar, etwa so alt wie sie, das in Wanderschuhen, Janker und so fort unterwegs war und den Amerikaner sogleich wieder zu Gedanken anstiftete, die er hätte beichten müssen. Etwas, das er so noch nie gesehen hatte, stiftete Roland auch zu Dingen im Kopf an, die er so noch nie getan hatte. Vielleicht waren die beiden zur Heideggerhütte unterwegs, die sie jedoch sein ließen.

Im Auto, schon wieder auf dem Weg nach unten, aber über Todtnauberg, zeigte er bald verliebt nach oben und sagte:

»Heidegger, you know?«

»No.«

Es hatte also keinen Sinn und war überdies die Anstrengung nicht wert, ihm *Sein und Zeit* erklären zu wollen, noch eine unlösbare Aufgabe weniger, ein Buch, das dort, in jenem schönen, gewaltigen Haus, das wie ein Schiff gegen das Nichts hin, unterhalb der Hütte stand, geschrieben wurde.

Schwarzwaldhöfe waren für Roland das Schönste auf der Welt. Er hatte auf seinen bisherigen Reisen nichts Schöneres gesehen, was gebaut und bewohnbar schien. Die Stararchitekten, die nun so langsam wieder in Erscheinung traten (nach 45 war es ja auf diesem Feld ziemlich still gewesen) müssten vor Neid in ihre Betontreppen beißen, wenn sie, vielleicht vom Hotel Römerbad aus, eine Tour durch den Schwarzwald machen würden.

Dass man in so einem Gebäude auch im Prinzip den großen Roman oder einen philosophischen Entwurf zustande bringen konnte, der dann ein philosophisches Jahrhundert lang die Welt beschäftigte, leuchtete Roland ein, ja, sie waren ein *Schrein des Nichts*, sie waren das Leben, vor dem nichts als ein mächtiger Misthaufen zu sehen war.

Dies alles ließen sie sein.

Dann waren sie auch schon wieder unten. Unterwegs hatten sich die anderen vier in verschiedenen Kombinationen angeschaut und die Augen verdreht, als sie sahen, dass der Amerikaner eingeschlafen war. Und als er wieder erwachte, sprach er von ganz anderem, nur nicht vom Schwarzwald.

Und Jim, der von ihm jenen norwegischen Skipullover ausgeliehen bekommen hatte gegen die Kälte, nun aber zum Vorschein brachte, was das für ein Gesicht war, als hätte dieses Kleidungsstück keine andere Aufgabe gehabt und nur darauf gewartet, diesem Menschen aus Miami dazu zu dienen, zu zeigen, was es mit dem Wort Schönheit auf sich hatte und dass er mehr als ein Wort war, tat Roland mit einem Mal unendlich leid, wie er ortlos blühte und schlief.

Die anderen sahen es auch. Rosemarie, die am Steuer saß, über den Rückspiegel.

Und er sah es noch etwas mehr. Wie Jim nicht in den Schwarzwald passte und nicht in ihre Wohnung und ihr Leben mit seinen ganz anderen Maßen, Grundrissen und Schmerzen. Die Welt verschlafen und verblühen würde an einem anderen Ort, nur nicht für sie. Heute war es im Schwarzwald.

Zu Hause legten sie sich dann zum Nachmittagsschlaf etwas in ihre Betten, denn in der vergangenen Nacht waren sie nicht so sehr zum Schlafen gekommen. Da sah Roland, als er aufwachte, wie Jim beim Wichsen eingeschlafen war. Vielleicht mit einem Bild jener zwei Wanderer, die in ihren Jankern im ersten Schnee verschwanden. Die Hand noch ganz bei sich, da, wo der Fußballer am verletzlichsten war, war er eingeschlafen, wie früher mit betenden Händen.

Post festum

Das sollte die Liebe sein?
    Da lagen sie nun, zwei zweibeinige Reste.
    Nacht, Sattel des Nichts
    Schatten des Lichts
    Sprache und Sperma

7. Männer

Schriftsteller geworden

Chronist des Unglücks, das als Glück gedacht war, hielt dabei, während ihm das alles durch den Kopf ging, seinen Kopf wie ein Huhn schräg in die Höhe oder ins Nichts, je nach Blickwinkel. Als dächte er etwas. Aber es sah nur so aus.

Er kam aus Schweinfurt, und es war der Weltspartag 1989. Nun saß er in der Maschine nach Amerika, im Gepäck hatte er sein erstes Buch, das *Ungewaschene Erinnerung an die Liebe* hieß.

Reisen

»Reisen Sie allein?«

»Haben Sie Enkel?«

»Das Motiv Ihres Aufenthalts in den Vereinigten Staaten von Amerika?«

»Wollen Sie als Prostituierter/Prostituierte arbeiten in den USA?«

»War Ihr Vater in der SS?«

»Planen Sie einen Terroranschlag auf die Vereinigten Staaten von Amerika?«

Berühmter Verleger

Es war einmal ein berühmter Verleger in Frankfurt, der kam aus Ulm. Der hatte einen ziemlich schrägen, sehr begabten Angestellten, der kam aus Stuttgart. Dieser Mann erzählte mir, dass er den vielgefragten Verleger immer schon am Morgen um sechs anrufe – oder aufsuche. Da sei er nämlich am besten zu erreichen, beim Schwimmen im hauseigenen Pool.

»Was hat der denn gesagt, als Sie zu dieser Zeit bei ihm aufkreuzten?«

Und der Mann aus Stuttgart antwortete mir:

»En Schduegerder wird mitteme Ulmer no lang ferdig!«

Nachsommer

»Mein Vater war ein Schlachthausbesitzer, und sein Schlachthaus stand direkt am Wasser, das manchmal rot gefärbt war.« So begann seine Autobiographie.

»Trotzdem badeten wir darin, weil wir Kinder waren, die eine Vorliebe für das Rot hatten. Wir sind da hineingesprungen und haben schwimmen gelernt.

Es war im Paradies, wie dieser Stadtteil in Konstanz hieß, direkt an der Grenze unsere Villa – vis-à-vis eben das Schlachthaus und die Firma Strohmeyer, die machten Zelte.

Von da flossen die Farben auch manchmal in den Rhein zwischen Ober- und Untersee, wahrscheinlich hochgiftig, im Gegensatz zum Rot aus dem Schlachthaus. Und alles vermischte sich mit allem, zum Zeichen, dass es vorbei war. Das Kuttelschiff mit den Abfällen, die mitten in den See geworfen wurden, das war die Freude der Fische und Vögel.

Sondermüll gab es noch nicht. Kein Biomüll, sondern Lebensmittel. Das war meine Kindheit im Paradies.«

Und gleich nebenan, an Land, wären die ganze Zeit Gartenliebhaber zu sehen gewesen, wie sie ihr kleines Paradies in Schuss hielten.

Eine Biographie aus dem Mostviertel

»Wir waren so arm, dass ich zu Weihnachten nur eine Taschenlampe bekam.«

Oder eher so beginnen: »Es gab nur eine Mandarine für jeden?«

Am Ende stand er auf Platz 56 der Forbesliste. Auf dem Weg zum Krematorium geriet der Leichenwagen in eine Radarfalle.

Das ist schon fast alles, was es von diesem Menschen zu berichten gibt.

»Später wurde sein Leichnam gestohlen und gegen ein hohes, unbekannt gebliebenes Lösegeld an die Familie zurückgegeben. Das Grab wurde fortan für eine bestimmte Zeit videoüberwacht, spezialversiegelt und gegen Diebstahl versichert.«

Beim Kirschenessen

Ein junger, sehr tüchtiger und für seinen Beruf unnötig schöner Metzgermeister aus Schwäbisch Mesopotamien, der seinen Schweinen, die ja nichts davon hatten, mit einer Axt das Leben nahm, fuhr zur Kirschernte ins Unterland, zu einem Garten, der wie im Unterland üblich sehr überschaubar war und geordnet und immer noch seiner Frau gehörte, wo er alsbald auf einen ansehnlichen Baum stieg, die erste Kirsche in den Mund nahm, die so gut schmeckte, dass er sich verschluckte, das Gleichgewicht verlor, von der Leiter flog und auf der Stelle tot war.

Jederzeit

Es wurde immer klarer, dass der Mensch jederzeit tot umfallen konnte.

Was war aus ihm geworden! Er öffnete nur noch Briefe, als deren Inhalt er einen Geldschein vermutete. In den sogenannten öffentlichen Verkehrsmitteln und an den Museumskassen sah er nun manchmal schon wohl nach Ermäßigung aus.

Hälfte des Lebens: Früher hatte er noch Sehnsucht. Jetzt waren es die ersten Anzeichen von Gicht. Das war auch ein Schmerz. Und dick war er auch, fast zwei Zentner. Und der Mensch wurde nur einmal grau im Leben.

Mooshammer

ruft am Morgen seines Todestages bei seiner Freundin Mucki an und erzählt ihr einen Tsunami-Witz. Mucki, eine wohlgefällige Erscheinung Baujahr 54, half ihm gelegentlich beim Verteilen der ausgemusterten Rüschenhemden an die Obdachlosen unter den Isarbrücken, welche die Obdachlosen dann, kaum war der Rolls-Royce weggefahren, ins Wasser warfen, auch, weil es keine Mülltonne gab.

Ein Mann und seine Frau sind in der Andamanensee unterwegs, so auf der Höhe von Phuket. Es ist ein wunderbares Boot mit allem erdenklichen Komfort plus All-inclusive-Besatzung. Da kommt aus heiterem Himmel diese Tsunamiwelle und spült mir nichts dir nichts den Mann von Bord. Er taucht aber zum Glück auf und schwimmt nun gar nicht so weit vom Boot. Er ruft: »Schatzi, den Ring!!« – Da nimmt sie ihre rechte Hand in ihre Linke, wo der Ehering ist, nimmt ihn von der Hand und wirft ihn ins Wasser hinterher. Das ist alles.

Testament

»Die schönen blauen Küchenstühle erbt«, und Erich wollte nun nicht mehr weiterlesen.

Schon kam er wieder ins Träumen.

Wollte er der Alleinerbe und Neffe einer ledig gebliebenen Leiterin eines Instituts für Eheanbahnung sein?

Vier Zeilen

Eine Frau verbrachte ihre jungen Jahre damit, zu träumen, wie sie ihren Vater aus der Welt schaffen könnte, zusammen mit ihrem Bruder. Sie dachten sich aus, wie sie ihn vergiften könnten. Der Ahnungslose bekam nie etwas davon mit. War fünf Jahre bei der Fremdenlegion in Madagaskar und starb am Ende einfach so.

Nachleben

Nun lebte er in seiner Wohnung gleich unter dem Dach in der Oberen Laube. Keinen Aufzug mehr. Gäste eher selten, was für eine Übertreibung. Er blieb sich übrig. Hinterließ sich – sich selbst –, das war fast schon am Ende.

Eine Wohnungstür wie in den feudalen Zeiten seiner Kindheit gab es noch, ja. Und auch ein Beistelltischchen, auf dem man seine Visitenkarte ablegen konnte und ähnlich Vorgedrucktes. Zwei Doktortitel.

Und »Die Damen und Herren mögen sich bitte als vorgestellt betrachten«.

Oder: »… Wird gebeten … Frau … zu Tische zu führen«.

Doch gleich hinter dem Vorhang rechts der Zwei-Flammen-Kocher.

»Ich kann ja nicht mehr empfangen!«, hätte er gesagt, als wäre damit die Welt erklärt gewesen.

Villa Concordia

auch unweit von Schweinfurt, ein hochsubventionierter Schriftsteller, dem man seinen Sprachfehler schon auf dem Foto ansah. Wie es mit seinen Sätzen war, weiß ich nicht. Aber das folgende Impromptu ist von ihm.

Vorbei

»Wenn man mit einem Aktenkoffer daherkommt, hat man in Schweinfurt gute Chancen, dass die Leute zur Seite gehen.« Und das war es dann auch schon.

»Jeder ist eine Liebesgeschichte im Leben eines anderen.« Was für ein dummer Satz!

Aber auch dumme Sätze konnten stimmen. Schon mit
den dummen Wörtern war es so.

Und jetzt bitte die ganze Geschichte im Genitiv!

Mit dem Wort »Durchführungsverordnung« hatte er
auch noch leben müssen.

Nördlich von Schweinfurt, auf der Höhe
von Hammelburg

Auf Erntehelferniveau, gebückt, bei den Rüben, als wäre es
Bückware, und die nächste Reihe war schon so erregt wie in
der Moschee beim Freitagsgebet, der ideale Platz, wo isla-
mische Männer, die gerne wie die anderen gewesen wären,
ihr Fest der Entsagung feierten. Er suchte neue Worte für so
etwas: Erntehelferschmerz, Adrenalinspiegelleben. Und einen neuen Satz: »Wenn es schon keine Menschen fürs Leben gibt, dann gibt es doch Sätze.«

Die Schönheit der Frauen

Bald kamen sie auch schon gemeinsam von der Toilette zurück und hatten schon auf dem Hinweg die Schönheit der
Frauen gepriesen und gaben ihre Größe an und machten
Gesichter und Zeichen, die auch auf den Fidschis verständ-
lich waren.

Noch später war der Amerikaner mit Franz von Sales,
mit dem Roland schon im Kindergarten gewesen war, wo er
Roland unbedingt seinen Schwanz zeigen wollte (in des Au-

tohändlers Erinnerung war es nun vielleicht umgekehrt), besoffen an der Bar hängengeblieben, seine Braut war entführt, und Arm in Arm gingen der Amerikaner und der Bräutigam schon wieder zum Schiffen und lobten auf dem Weg dahin in allen Weltsprachen die Schönheit der Frauen und suchten nach den richtigen Worten. Das völkerverbindende Wort war »fuck«.

Von der *Dialektik der Aufklärung* hatten sie nie gehört.

Dialogannahme

Er war eigentlich mit einfacheren Dingen beschäftigt an diesem Tag. Er sollte das Auto vom TÜV abholen, das er gestern früh dorthin gebracht hatte. In der Garage stand nun »Dialogannahme« über der Werkstatttür. Aber sonst? Das Leben? Das Einzelne? Dazu kam noch die Liebe, als wäre sie die Schulaufgabe des Lebens.

Der Unübersichtlichkeit der Welt entsprach die Kürze des Lebens. Die Kürze des Lebens war das Kapital der Experten und auch der Religionsstifter, der Gurus, und aller, die behaupteten, sie wüssten, wie es mit dem Leben war. Oder jener, die es tatsächlich zu wissen schienen, wie sie so in der Garage um sein Auto herumstanden.

Und dann musste er auch noch mit einem alten Ford Escort herumfahren und bekam gesagt, das sei das richtige Fahrzeug für ihn, gut genug für ihn, und es habe eine hohe Lebenserwartung, während seine gleichaltrigen Cousins schon alle im Geländewagen unterwegs waren und ein Verhältnis haben konnten in ihnen, ja mit ihnen.

Und er war immer noch damit befasst, eine Kontur in sein Leben zu bringen.

Zusammenleben, noch so ein Wort, dachte er.

Er werde noch als selbsternannter Parkplatzwärter enden, so wie sie das auch schon in Neapel gesehen hatten. Dort stand an jeder Ecke ein Mann, der nicht mehr wusste, wie's weiterging, und erklärte die Welt und wo es zur Stadt ging und wo die Toiletten waren und solche Fragen, welche ihre Welt auch nicht veränderten.

Schwerte, Märkischer Kreis

Im Sommer saßen sie wohl hinter dem Haus, Tante Erika und ihr Mann, man konnte es an den Flaschen hören, und wenn der Wind danach war, wie es klang, wenn Karl Rudolph aufstand und ein paar Schritte zur Seite ging, wenn Flüssiges auf Festes stieß, wenn Karl Rudolph ins Gemüsebett pinkelte, das es damals noch gab. Aber spätestens seitdem sie einen Fernsehapparat hatten, saßen sie nun das Leben über jeden Abend vor der Glotze und hatten, auch wenn die Sonne noch nicht untergegangen war, die Rollläden heruntergelassen, um besser zu sehen. Es hätte sein können, dass sie den Jüngsten Tag verschlafen hätten, so abgelenkt waren sie damals vom Fernsehen schon.

Dr. Fröhlich

Er lebte dann eine Zeitlang als Straßenmusiker.

Vorher hatte es als Versuchskaninchen in der Pharmaindustrie auch nicht geklappt.

Als Straßenmusiker in einer mittleren Kleinstadt wurde er auf Beschwerden des letzten Kurzwarengeschäfts hin von der Polizei wegen Unmusikalität entfernt und kam so zum ersten Mal als Kurzmeldung in die Zeitung. Aber das hat ihm auch nicht geholfen. Da stand nicht einmal, was für ein Instrument es war, das er mit sich führte. Möglicherweise wusste er nicht einmal selbst, was für ein Instrument es war, das er da spielte. Wahrscheinlich hat er nur gesungen. Er hatte eine Stimme wie Phil Collins.

War das nicht Folter für Ohren wie seine?

Und das wiederum erinnerte ihn an Dr. Fröhlich. Was für ein Zahnarzt. Das Leben ist hart, so Dr. Fröhlich, dann kam er mit der Spritze, aber jetzt wollte man sterben, einmal auf der Welt, und dann so.

»Jetzt wird es gleich etwas pieksen!« Sagte er. Und es piekste.

Herr Brunsmeyer

Seine Füße konnten mit seinem Gesicht niemals konkurrieren. Das eine blieb ein Leben lang schöner als das andere. Und noch immer nicht hatte er sich für das Kommunionsgeschenk von Frau Ruß und von Assunta von Allmannsdorf bedankt.

Er war inzwischen 55, sie tot, vermutlich.

Zuletzt saß er im feinsten Wohnstift, Sunrise hieß es, der Herr Professor, und hatte an seinem separaten Tischchen eine Menge von Büchern gestapelt, und für Christl, die Krankenschwester, sah es so aus, als läse er.

»Was lesen Sie, Herr Professor?«

»Ach, gehen Sie doch weg, Sie arbeiten ja nicht wissenschaftlich!«

Die anderen saßen derweil zwischen Voliere und Aquarium und warteten auf den Nachmittagstee.

Saß da wie Otis Redding, wie er *The Dock of the Bay* sang.

Das war auch in Konstanz, an der Mauer zum Rhein hin, im Paradies, wo er herstammte, das an dieser Stelle seiner Geschichte angekommen leider nur noch ein Stadtteil von Konstanz war.

So klang es unter seinen grauen Haaren. Ja, wir waren.

Weltreisen

»Der mit den Weltreisen?«

»Ja.«

»Er kam nicht.«

»Schwer krank.«

»Was hat er denn?«

»Schlimmer als Krebs.«

»Eine fortschreitende Lähmung, schon ziemlich weit fortgeschritten.«

»Ein Sterbehospiz am Bodensee.«

»Ach, du ahnst gar nicht, was er alles vorhatte nach der Pensionierung. Als ich ihn das letzte Mal traf, sagte er, wie er sich freue und dass er nun auf Weltreise gehe: Hindukusch, Fatehpur Sikri, Borobodur! Und andere nie gehörte Orte und Wörter.«

»Das ist aber schlimm.«

»Und wie schnell es ging!«

»Muss er leiden?«

»Weiß nicht.«

»Tapfere Frau.«

»Lernte noch Gedichte auswendig, kurz vor dem Erblinden.«

Der gerade Verstorbene

Am Ende konnte er vieles. »Das ist nun alles weg!«, warf Frau Romba in ihrer netten Dreizimmerwohnung in Litzelstetten in den Raum, was sollten die anderen tun als schweigen? Noch als er nicht mehr sehen konnte, zum Beispiel blind den Tee eingießen, und er hörte, wann die Tasse voll war. Aber von diesem Geschick konnte er doch nicht leben.

Nicht anders die ein Leben lang unverheiratet gebliebene Direktorin des Eheanbahnungs-Instituts Dorothea Tomba. Dem Ein-Frau-Betrieb war es nur ein einziges Mal geglückt, zwei Menschen zusammenzuführen, und die haben das Institut später verklagt und behaupteten, sie hätten sich schon vorher gekannt und geliebt.

Romuald

Lebte und starb. Das war fast schon alles. Den Rest könnte man in einem Roman nachlesen, der mit dem Satz begann, dass Romuald ein Wunschkind war, gezeugt mitten im Krieg, und der Vater hätte das Kind auch nur einmal gesehen, auf einem Schwarzweißfoto von der Taufe.

Der Mensch sucht Halt und wird Mitglied

Er hat es mit Wellness, Fitness und Fußball, meist vor dem Bildschirm heutzutage, und lässt die Seele baumeln.

Einst, das ist kaum zwanzig Jahre her, wollte er sich erfahren und machte einen afrikanischen Bauchtanzkurs in der Toskana.

Erich

Er kam auch aus dem Saarland und hieß Erich.

Selbst in der DDR gab es schon eine Kokosnuss zu Weihnachten für Menschen im Umfeld der Intershops. Nur in der Kronenhalle war alles wie immer. Dort saß und aß er Spargel und andere Dinge unter Bildern von Malern, die Bilder malten, die nicht zu essen waren.

Sie selber hatten nichts. Aber – das wollte die Zeit so – mit der Zeit wurden diese Lebensmittel immer teurer, so dass es am Ende wohl der teuerste Spargel der Welt war, den es in der Kronenhalle gab.

All die Bilder. Und darunter Menschen, die etwas vorhatten.

Das war das Entree einer Feindproduktion, die sich Margot und Erich gemeinsam anschauten, nachdem sie eine Zeitlang auf der Terrasse ihres Jagdschlosses in den Mecklenburgischen Wäldern gesessen hatten, irgendwie kokosnusssüchtig geworden, bis dann Erich sagte: »Wollen wir es uns jetzt nicht etwas schön machen?«, und sie in ihrer sozialistischen Errungenschaft verschwanden.

Ein solcher war Erich freilich nicht, und eine solche auch Margot nicht.

Sie waren, was man anständig nannte.

Manchmal philosophierte er nach der Jagd darüber, wie es sein konnte, dass so wenig wie ein schwarzes Loch einen derartigen Tumult verursachen konnte, von Adam und Eva an eigentlich, und dass nichts den Lauf der Geschichte aufhalten konnte.

Ältere Herren, Genussraucher

»Habe mir selbst Blumen gekauft, gelbe Rosen, rosarote Nelken und rote und orangene Ranunkeln, die ich in die Abschiedsvase stellte.« Außer dem Wort »Ranunkeln« gefiel ihm fast alles an diesem Satz. Besonders das Wort »Abschiedsvase«.

Sie hatten ihr Leben nun auf die Zigarren verlagert und konnten sich an einzelne Begegnungen mit ihnen erinnern, solche Männer gab es. »Ach die Cohiba, Spätschnitt, Baujahr 58, an jenem Abend im Savoy …«, als wäre es eine Nacht ihres Lebens gewesen. So gab es ja Menschen, die das Jahr ihrer Geburt mit »Baujahr« angaben, die »ich bin Baujahr 58« sagten, als wären sie ein Auto, »aber noch kein Gebrauchtfahrzeug!«. – Der Alkohol im Bier half ihnen, so zu sprechen, und ließen den anderen ausrechnen und reden, bevor es zur Sache ging. Oftmals stellte sich so einer als Schwätzer heraus. Das war am Tresen in Willis Welt, auf einem jener Hocker um Willi herum, oft stimmte es ja gar nicht mit dem Baujahr, vor allem für jene, die nach dem Frühjahr gezeugt wurden und erst im nächsten Jahr geboren. Nur für die Karnevalskinder stimmte es zumeist, aus denen manchmal »ein Christkind« wurde, wie sie zu Hause sagten.

So langsam wurde er zum Zigarrenraucher und Genießer, einer von denen, die das Leben hinter sich hatten, und sah ihnen und dem Leben, das vorbei war, zum Verwechseln ähnlich.

Norbert

Er war einmal so schön, dass mancher Mensch das Schlüsselloch ausgeleckt hätte, hinter dem er lebte. Bald starb er. Das ist lange her.

»Schon mit vier ein Simulant im Vollbild. Fing an zu husten, wenn man ihm nicht zuhörte.

Weniger als bei Hamsun. … wurde geboren und aus dem Wunder wurde nicht einmal ein Mensch.«

Später klaute Norbert ganze Märklineisenbahnen bei der guten alten Frau Conzelmann und zeigte dann mit dem Finger auf seinen besten Freund. Und doch.

Hatte das gewisse Etwas. Während andere vielleicht das gewisse Nichts hatten.

Irgendwann

Nichts als Männer. Und sie lachten bei diesem auf der Zunge zergehenden Wort.

Die Frauen etwas mehr als die Männer.

Irgendwann, zwischen dem ersten und dem letzten Mal, muss das Leben gewesen sein.

Bis dahin war es Sehnsucht. Ab da war es Heimweh.

Noch so einer

Bei einem Brand wurden unter großen Schwierigkeiten zwei abgeschlossene Koffer aus dem Feuer geholt. Der Feuermann riskierte dabei sein Leben. Als man daranging, die Koffer aufzubrechen, war in dem einen Koffer eine Sammlung von Pornoheften der Serie *Fat Mammas* und im anderen das entsprechende Equipment.

»So eine Drecksau war das«, sagte sie. Damit eines ihrer Hauptwörter wenigstens einmal vermerkt wäre, schrieb er es für später in sein Tagebuch.

Feuersee

Er saß auf jenem Bänkchen zwischen Kirche und See, der ständig am Umkippen war wie die Liebe, und rauchte. Es war in der Nachmittagssonne am Weltspartag, zwei Tage vor jenem, der früher »Reformationstag« hieß. Eine Frau setzte sich kommentarlos dazu, obwohl noch andere Bänkchen frei waren. An dieser Stelle hätten auch Bänkchensätze aus diversen Büchern Platz gehabt. Sie schaute die ganze Zeit geradeaus. Und er auch, und beide so, als hätten sie in der Sonne eine Freundin. Am Ende stand die Frau auf und sagte: »Auf Wiedersehen.«

Möglicher Schlusssatz

In der Nacht vom 21. auf den 22. Juni stürzte er sich vor den Zug.

Es war sein erstes Lebenszeichen.

8. Der Odysseus von der Route Touristique

Konkrete Poesie: Die Nacht
war nicht zum Schlafen da

(Ein Liebesgedicht)

weiß noch, weiß noch, dai-dai-dai -- weiß noch, weiß noch, dai-dai-dai -- weiß noch, weiß noch, dai-dai-dai -- weiß noch, weiß noch, dai-dai-dai -- weiß noch, weiß noch, dai-dai-dai -- weiß noch, weiß noch, dai-dai-dai -- weiß noch, weiß noch, dai-dai-dai -- weiß noch, weiß noch, dai-dai-dai -- weiß noch, weiß noch, dai-dai-dai -- weiß noch, weiß noch, dai-dai-dai -- weiß noch, weiß noch, dai-dai-dai --

Come prima – weiß noch, weiß noch – dai-dai-dai –

Das erste Mal

Das erste Mal in einem fremden Bett: Er wachte auf, ohne eingeschlafen zu sein. Ja. Am anderen Morgen wachte er auf, ohne eingeschlafen zu sein, aus allem. Ja, es war so, als wäre es so gewesen. Zum ersten Mal sagte er »zieh dich aus!«. Und würde nun diesen schönen Satz ein Leben lang nie mehr vergessen.

Sein Bewusstsein ortete er beim Gehen in seinem linken Fuß, damit begann seine Geschichte, die Zeit nach dem Laufstall. Wenn das kein Linkshänder im Kopf war.

Unweit der Elbe

Udo Jürgens, in den Buhnen von Lenzen, Heimat von Turnvater Jahn, wie er »Ein Tag wie jeder. Ich träum von Liebe« sang.

Und nachts der schöne, unbegreifliche Sternenhimmel.

Unter dem sie eine Zeitlang saßen. Das war unweit der schönen Elbe bei Sallahn.

Karen Bunkenburg erzählte ihm, neben Udo Jürgens her, der sie zu folgenden Sätzen angestiftet haben mochte, von den zwei Schwulen, die eine Pension an der Weser bei Hoya eröffnet hatten. »Sie haben ein Herz für Tiere und schlachten selbst«, sagte sie.

Und Hannemann, der aus jenem Frisiersalon stammte, in den die erste Pizzeria und dann der erste Döner Kebab eingezogen war, ergänzte den Reisebericht an die Weser, unweit ihrer Mündung ins Meer, um den Eindruck, dass die Hauptstraße seiner Heimatstadt mittlerweile derart heruntergekommen sei, dass selbst die Türken diese Straße und Stadt verlassen hätten.

Das Meer

Das Meer war der Anfang vom Ende der Welt. Das war bei St. Benoist-sur-Mer. Da kam ein Kind, ein Junge, mit seinen Schwimmflügeln und Eltern. Gehen konnte er schon und auch das Wichtigste sagen, aber noch nicht schwimmen. Wahrscheinlich lernte er es auf dem Rücken des Vaters in jenem Sommer, der Schnee von gestern war, wie auch er. Und das Kind rief, als es das Meer sah: »La Piscine!«, als wäre es nichts als ein Swimmingpool.

Was Kinder so spielen und was sie sich ausdenken, wenn sie am Wasser sind und keine Sandburg bauen konnten, dafür eine leere Flasche und das Meer hatten.

Da träumte er wieder davon, Schriftsteller zu werden, um alles festzuhalten und das Unbeschreibliche zu beschreiben.

»Das Meer und ich, als gehörten wir zusammen, als wären wir ein Paar, als könnten wir ›wir‹ sagen? Wenn ich am Meer stand, war es so, als stünde ich vor dem Leben.

Mir blieb nichts übrig, als ›Ja‹ zu sagen, und ich sagte noch einmal ›Ja!‹ – So war es.«

Mit acht, mit neun hatte er Skifahren gelernt, das war mit seinen Eltern, in der Zentralschweiz, in Stoos, von wo aus man zum Fuß des Mythen hinüberschauen konnte. Und von oben konnte er den Vierwaldstätter See sehen, zum ersten Mal wie er unten lag, als wäre es zu seinen Füßen, und Brunnen, tief verschneit, Weihnachten 1964. Ein kleiner Schweizer im selben Alter, irgendwie angriffslustig, versuchte, ihn, den er als Sauschwaben erkannte, in den Schnee zu stoßen, als wäre es ein Spiel gewesen. Das ließ er sich nicht gefallen. Dann trumpfte er mit den Olympiasiegern von 1964 auf. Es waren zehn Namen, die er der Reihe nach aufzählte. »Und ihr habt nur eine Goldmedaille – Wir zehn!!!!«, gab er auf Hochdeutsch bekannt, fünf bis sechs Jahre vor dem Stimmbruch, keine zwanzig Jahre nach dem Ende des Zweiten Weltkriegs. –

Daraufhin erklärte der Urschweizer: »Und iihr Düütsche hai de Ghriagh velore.«

Das stimmt, macht aber die Geschichte auch nicht besser.

Es kostete etwas, der Onkel hatte bezahlt, auch noch das Fernrohr, also war es ein unglaublich intensives Schauen, das mehrere Franken kostete. Es wollte geschaut sein für dieses Geld. Mit zehn, mit elf versuchte Roland, mit Hilfe des Onkels, der ihn zum Fernrohr hinaufhievte, hielt und das wundersame Gerät führte, das abhebende Flugzeug zu verfolgen, bis es oben im Himmel verschwand, wo es zweifellos weiterging. Das war schon eine erste Metaphysik, dieses Flugzeug, das am, ja im Himmel verschwand.

Wie die Jungs von *Eis am Stiel* durchs Astloch der hölzernen Kabine im Westbad Come Prima schauten, dahinter sahen sie etwas und hörten, wie Massimo Ranieri *Come Prima* sang.

Und Viktoria, zum ersten Mal in jener Holzkabine am See, aus der sie kurz darauf zum ersten Mal herauskam und von jenem Holzsteg aus im Weibersprung im Wasser verschwand. Und wie es war und aussah. Und wie seine Augen Hände waren.

Come Prima, er sah und hörte es, und die Welt war eine andere. Einst, als die Jungs von *Eis am Stiel* noch durch das Loch der Kabine aus Holz schauten. Und was sahen sie?

Mit neunzehn Jahren sah er das erste Mal das Meer. Den ersten Pornofilm, die damals noch nicht so hießen, sondern Sexfilm, sah er schon mit sechzehn. Er sollte der Aufklärung dienen, und er schlich sich in die Spätvorstellung, zusammen mit Gleichgesinnten. Sie waren damals alle Anhänger der Aufklärung. Der Film, vielleicht aus den fünfziger Jahren, war mit Wörtern wie »gewagt«, »nie gesehen«, »frei« angekündigt.

Bilder dazu gab es keine, denn das war von der Zensur angeblich verboten. Wahrscheinlich gab es gar keine Plakate zu diesem Film, der *Eros am Abgrund* hieß, das war in Stockach, heute kann man da bei Aldi Süd einkaufen, dem aristokratischen Zweig von Aldi. Man sah so viel wie nichts. Eine Frau, es hätte von hinten oder von vorne sein können, schwarzweiß hinter einem milchigen Duschvorhang. Das war alles. Beim Hinausgehen entdeckte er noch mehrere Betrogene aus seinem Dorf, darunter auch ein verheiratetes Pärchen aus Meßkirch und den Friseurmeister. Aber sie waren ja gar nicht betrogen, denn sie waren ja nur zum Appetitholen gekommen oder wegen ihres Hungers auf Süßeres. Ja, bei ihnen war es vielleicht nur zum Appetitholen.

Er aber lag eine Stunde später allein mit ihr im Bett, seiner heimatlosen Erektion.

Mit ihr und ihm, als wäre sein Name Schwanz gewesen, darf ich mich bitte vorstellen?

»Mensch, du versaust die Preise!«, schrie er ihn an, unterwegs nach Patagonien, das fing ja schon gut an, als er dem selbsternannten Koffertträger im Bahnhof Retiro in Buenos Aires ein Trinkgeld geben wollte.

Und als er dann seine kleine Pizza wie bestellt bekam, sie war wirklich klein, lachte der Unfallchirurg aus Ostfildern auf. Ebenso beim Wein, wie er sah, wie die anderen das Gesicht verzogen. Er hatte sich gute fünf Minuten vor der Speisekarte draußen auf der Straße aufgestellt und alles genau studiert. Das sah auch entsprechend aus. Dann hatte er »Nein!« gesagt und demonstrativ nichts gegessen und nichts getrunken und den anderen dabei zugeschaut, wie sie die Preise versauten, denn das Preisleistungsverhältnis stimmte nicht, das sah er den Tellern an. Die anderen aber hatten Hunger und wollten nicht länger nach dem Lokal suchen, das für den Unfallchirurgen das richtige gewesen wäre. Also ging er doch mit und kommentierte jeden Bissen und jeden Schluck, der Querulant, und lachte sie aus, wie die beiden Schweizer das Wort »Austern« aussprachen.

Und dann fuhren sie los, das Ziel war Feuerland. Das kann ja was werden, musste er sich nun schon am ersten Tag sagen. Sie waren zu viert, zwei mal zwei, zwei Paare.

Zwischen Gobernador Costa und El Bolsón schlug seine Beifahrerin ihm auf die Hand, zum Zeichen, dass er vom vierten auf den fünften Gang schalten solle. Eine begnadete Unterhalterin war sie auch nicht. Unterwegs fuhren sie noch ein Schaf tot und ließen es liegen, denn Schafe gab es ohnehin zu viel. Irgendwann waren sie am Ziel. Das Cabo Vírgenes lag vor ihnen.

Ja, er hatte zwar einen Schweizer Pass, und der sah schön aus, doch irgendwie musste er einen Korken haben, und das Preisleistungsverhältnis stimmte nicht bei ihm.

Zehn Jahre später hörte er das furchtbare »man sieht sich«.

Und doch: Was waren all die Lichtjahre und Milchstraßen gegen sie, im Augenblick, als er »Baby« sagte.

Und er sehnte sich nach einem Menschen, mit dem sie über alles hätten reden können, selbst über Gott, ohne ausgelacht zu werden.

Traurig, dass man als Entdecker des Ozonlochs einen Nobelpreis bekommt. Es blieb ihm gar nichts anderes übrig, als am Leben von hinter den Gardinen, wo der Fernsehapparat der neuesten Generation stand, teilzunehmen.

Die meisten Menschen kannten sich aus dem Fernsehen.

Er wollte, als er sie anrief, eigentlich nur wissen, ob ihr Baum schon blühte, du weißt, die Kastanie vor dem Schlafzimmerfenster von einst. Sie kannte seinen Baum nicht! – Wusste von nichts. Er wollte ihr eine Brücke bauen – oder wie beim Kinderspiel Heiß und kalt – und sagte, um sie aufzumuntern: »Er sieht auf einen blühenden Kirschbaum!« – Und sie antwortete: »Und ich sehe auf ein schmutziges Fenster. Ich werde heute ranmüssen.«

Sie kannte ihren Baum nicht, wusste nicht einmal, ob es draußen schon blühte, und konnte ihm nicht sagen, ob es die Amsel war – und die Schwalben schon da. Oder schon wieder fort.

Sie kannte das Wort »Makadam« nicht, unter dem sein Dorf, sein Spielplatz, für immer verschwand, denn sie führten ein Leben im Freien, aber da war nun ein Loch.

Am Hochzeitstag war er von Pater Tutilo gefragt worden, ob er sie lieben und ehren wolle, und er habe »ja« gesagt. Und sie hat auch »ja« gesagt.

»Wollt ihr einander lieben und ehren, bis dass der Tod euch scheidet?«

Und sie sagten: »Ja.«

Was blieb ihnen anderes übrig? Was sollten sie denn sonst sagen! Das war doch die richtige Antwort.

Dreißig Jahre später erwischte er sie dabei, wie sie heimlich Kreuzworträtsel löste, während er ihr sein Leben erzählte. Sie machte heimlich an ihrem Kreuzworträtsel weiter, während er nach Worten dafür suchte, wie es war.

Er war jener, der ihr nicht sagen konnte, wie es war.

»Ich habe schon wieder vergessen, was ich vergessen habe«, schrieb er im rostroten Marrakesch in sein Tagebuch.

Ich habe schon wieder vergessen, was ich vergessen wollte.

Meine Frau?

Wie sie »o-o« sagte. Und dazu die Geschichte von ihrer besten Freundin, die man den Hasen geben könnte. Ihre Großmutter sagte dazu vielleicht noch »keinen Schuss Pulver wert«.

Wenn er sie fragte, wie der Abend war, hat sie ihm der Reihe nach erzählt, was es zu essen gegeben hat und wer da war. Er war auch so: Wenn er nach dem Abend fragte, wollte er eigentlich nur wissen, was es zu essen gegeben hatte. Und wenn sie nach dem Abend fragte, erzählte er ihr nur, wer da war und was es zu essen gegeben hatte. Das Essen und das Reden über das Essen half ihnen oftmals über ihre Sprachlosigkeit hinweg, das war überall gleich, ob nun in Acapulco oder Feuerland, Mumbai oder Fatehpur Sikri. Da haben sie ihnen über sich selbst hinweggeholfen, oder auch nur hinweggelogen, indem sie aßen und das, was sie aßen, auch noch kommentierten. So war es schon zu Hause. Sie wurden aber auch ganz schön dick dabei und konnten über alle reden, die da waren, und auch jene, die nicht da waren, ob dick oder nicht.

Seine Frau und er: 25 Jahre haben sie nebeneinanderher

gelebt. Er hat immer wieder versucht, mit ihr zu reden. Eigentlich wollte er ihr nur sagen, wie es weh tat, vom ersten offenen Knie an.

Und eigentlich wollte er von ihr nur hören, dass es trotz allem schön war.

Das wollte er hören, auch von ihm selbst.

Aber sie konnten nicht reden.

Also wissen sie das wenigste voneinander und auch von sich selbst.

»Meine Frau und ich: Wir sind zwei, von denen ich nur die eine Hälfte kenne.«

So kannte niemand seine ganze Geschichte; und er selbst kannte sie auch nicht.

9. Verlorene Landschaft, übriggebliebene Sätze

»Ihr Rost wird gegen euch Zeugnis ablegen«

Aus dem *Jakobusbrief*

»Was aber war mit: jung und morgenschön?
Was mit dem: Wieder- Wiedersehn?
Ach Goethe! Sagte ich. – Auch du?
Zu ihm. Als wär's ein Stück von mir.«

»Man müsste einmal ordentlich ausmisten!« Sagen Leute, die noch nie eine Gabel in der Hand hatten, und schon gar keine Mistgabel.

Beim Ausräumen

Beim Ausräumen fand man in seiner Brieftasche auch ein Polaroidfoto von Tante Erika, die ja gar keine Tante war, und rothaarig dalag, dazu pudelnackt. Das musste Tante Erika sein, dachte er, ihr Kopf war ja nicht zu sehen auf dieser Nahaufnahme. Polaroid war damals der letzte Schrei, wie man nun auch schon lange nicht mehr sagte. Er hatte es nicht mehr beiseiteschaffen können wie die anderen Fotos und Bilder und sie verschwinden lassen, damit er als anständiger Toter auf dem Friedhof zu liegen käme und nicht ohnmächtig den Lebenden in die Hände fiele beim Ausräumen.

Er hatte es nicht mehr so machen können, wie das die anderen machten, die vielleicht auch solche Fotos durchs Leben trugen, von Umzug zu Umzug, als wären diese Sachen ihr einziges wahres Geheimnis, und hätten sonst nichts Heiligeres auf der Welt gehabt als die Bilder, welche bewiesen, dass die Zeit verging; und auch, dass es eine solche gegeben hatte. Dieser Tote war nicht wie die anderen gewesen, die alles rechtzeitig verschwinden ließen, vor allem die selbstgedrehten Super-8-Filme, auf denen zu sehen war, wie Heidi oder Tante Erika irgendwann in den sechziger Jahren an einer abgelegenen Stelle an einem Gebirgssee

178

bei Reit im Winkl in die Kamera guckt. Schad drum! Das war noch ein Stummfilm und alles sehr gewagt und rechtzeitig, bevor es in die Sterbeklinik ging, beiseitegeschafft, auch die Ehehygieneartikel, die im Lauf der Jahre in die Ehe eingebracht worden waren, als wäre die Ehe tatsächlich eine Zugewinngemeinschaft. Und Menschen gab es, ob verheiratet oder nicht, deren lebenslängliche Angst es auch noch war, sie könnten in schmutziger Wäsche eingeliefert werden. Deswegen zog mancher jeden Morgen etwas Frisches an, auch wenn dies schwerfiel, denn jeder dieser Tage konnte im Prinzip der letzte sein. Das wusste Roland von der Standuhr zu Hause, die ihm schon früh etwas Latein beibrachte: »omnia vulnerant« – »ultima necat«.

Ansonsten gab es das Bankgeheimnis vielleicht noch und das Wahlgeheimnis und was sie im Bett machten, mehr an Geheimnissen war nicht im Leben eines Mainstreammenschen, das war ihr Höchstes.

Ein Großvater

Dieser Großvater war auch anders. Er hatte ein Leben gegen den Strich geführt. Er hatte viel geliebt und zeigte es auch. Vielleicht wollte er sogar, dass sie sähen, welche Bilder für ihn ein Leben lang die schönsten waren, und er hat absichtlich diese Polaroids in seinen Nachlass geschmuggelt, in seine Brieftasche, zu den Schecks und dem Reisepass.

Es sah alles ziemlich irdisch und ebenerdig aus, so dass Roland errötete beim Blick auf dieses Bild. Ein Polaroidfoto genügte 1978 noch, um einen Menschen, der noch am Leben war, in eine Lebenskrise zu stürzen. Fünfzig Jahre zuvor hätte sich einer erschießen müssen daraufhin, nach einer solchen Entdeckung – oder sich bei einem Himmelfahrtskommando melden, ja schon beim Aussprechen eines falschen Wortes in Gesellschaft. Eine solche Gesellschaft war das.

Auch das war eine Liebesgeschichte gewesen, die anderen nannten das aber »so Sauereien«, wenn es hochkam, vor deren dazugehörendem Leben Roland eine Heidenangst hatte. Auch das war Liebe. Sie quälte ihn nun noch zusätzlich.

»Ich kenne Ihren Gedanken nicht, aber ich missbillige ihn.«

Der eine dachte dabei an Selbstmord, der andere an himmelhohe Erektionen.

Das war der Satz eines Großvaters noch aus dem 19. Jahrhundert. Er dachte dabei wohl an seine Affären in Italien, eigentlich war das Wort Italien nur ein Tarnwort für die Liebe, und dieses Wort war für den Großvater auch nur ein Tarnwort für eine himmlische Sauerei.

Er dachte an Lollo Grollitsch, Cecilia Mocchi, Carolina Lucci und wie sie alle hießen, Namen, die für ihn keineswegs erektionsfreundlich waren, wohl aber für jenen Großvater, der doch auch einmal gelebt hatte.

Die Grabsteine waren auch schon längst wieder abgeräumt. Also waren sie allein noch hier zu lesen.

Es zerriss ihn vor Schmerz, dass es ihn nicht vor Schmerz zerriss.

Was war schon die Meute der Lebenden gegen die Einsamkeit des Sterbenden!

In der Stadt hatte es ja solche Feste nie gegeben, diese Hochzeiten, diese Beerdigungen mit freiem Zutritt, aus jedem Haus musste mindestens eine Person erscheinen.

Sie kamen alle, all diese roten Gesichter, die so gesund

aussahen und glücklich, dabei waren sie doch nur rot vom hohen Blutdruck und anderen Zivilisationskrankheiten bis hin zu ihren Neurosen und Psychosen und hatten ihr Unglück, das beinahe ihr Glück gewesen wäre, lebenslänglich hinuntergespült, oftmals endete so eine Geschichte tödlich. Und dann fiel den Leuten auf dem Rückweg von der Beerdigung nichts anderes ein, als zu sagen: »Er hat halt zu viel gesoffen.« Der Mann war 39.

Es kam nun immer wieder vor, dass Roland mit bedeutenden Personen verwechselt wurde und mit dem einen oder anderen großen Namen angesprochen. Aber dann wandten sie sich von ihm ab, als sie bemerkten, dass er doch nicht eine bedeutende Person war, sondern nur eine, die mit einer solchen immer wieder verwechselt wurde. Verwechselt wurde er damals mit einem blonden Fußballspieler, mit Jürgen Klinsmann, der damals gerade seine Karriere startete. Anders gesagt: Ungewöhnlich war nur jener, der immer wieder mit einem gewöhnlichen Menschen verwechselt wurde. Darunter waren auch Fußballspieler und Spielhöllenbesitzer.

Eine Rotweinmassage

Er saß neben ihr in der Lobby des Hotels Volubilis, das Vicky Leandros gehörte, und war eingeladen. Vicky gab ihm zudem ein Interview und wollte zum ersten Mal öffentlich über die Liebe sprechen mit ihm, auch über ihre gescheiterte Ehe und hatte ihren einundzwanzigjährigen Sohn dabei, der im Traum Christos hieß. Sie hatte wie immer Zimmertemperatur 25 Grad fürs Interview verlangt und für ihren Sohn eine Rotweinmassage, die Jim auf dem Hausdach ausführen sollte. Dann sagte eine Frau namens Erika, die plötzlich auch noch danebenstand: »Da nehmen wir aber nicht den normalen Wein. Ich gehe in den Keller und hole eine Flasche Liebfrauenmilch.«

Bei diesem Wort, begleitet vom Gedanken »von Moskitos gestochen werden möchte ich nicht auch noch«, wachte er auf, gerade von einem Moskito gestochen, noch etwas, von dem er nicht wusste, warum es das gab, und das noch im Himmelreich.

Bis in den Spätherbst hinein hatten sich diese schamlosen Lebewesen geflüchtet. Das Letzte, was er an diesem Tag vor dem Einschlafen noch machte, diesen Nachsommer-Moskito, der ihm das Leben schwergemacht hatte, erfolgreich ins Paradies zu befördern, was am anderen Tag auch vergessen war. Das war vorerst der einzige Tote in dieser Wohnung.

In der folgenden Nacht träumte Roland schon wieder von Vicky Leandros, vielleicht, weil auch ihre Stimme mehrfach aus der Musikbox herausgekommen war, wie sie *Blau, blau, so wie das Meer* gesungen hatte. Genau im Augenblick, als dieses Mal Vicky Leandros »von Moskitos gestochen werden möchte ich nicht auch noch« sagte, wachte Roland auf, gerade wieder war er von so einem Untier gestochen worden. Und überhaupt war es zu spät, um noch einmal einzuschlafen. Und dieser Herbst wurde auch immer schlimmer. Zu allem anderen hatte Roland nun auch noch Angst, den sogenannten Anschluss zu verpassen. Die anderen, Beispiele des richtigen Lebens, machten schon ihre Examina und sahen sich schon nach PJ-Stellen um. All diese Nachtgespenster trieben ihn ins tatsächliche Leben zurück, und bald saß er beim sonntäglichen Frühstück, das bald zu einem Ritual wurde, zum Brunch ausartete, zu dem man Gäste lud, gerade in der Zeit, als im Münster das Hochamt begann.

Und in Butzbach, von wo im SWF 3 der Zwanzig-Kilometer-Stau gemeldet wurde, war er auch noch nie gewesen.

Der Mensch war sehr einsam auf der Welt. Das wusste Roland nun.

Aber was war die Zeit? War sie das »Echo einer Axt im Wald«, wie die Dichter vermuteten? Und was war dies für ein Dunkel? War es der »Sattel des Nichts«?

Aber etwas essen mussten sie doch. Und frieren mussten sie auch nicht.

Doch zu feiern, danach war ihnen nicht. Es gab Buchstabensuppe.

Geburtstag an Allerheiligen … das heißt, sie waren beide im Karneval 1954 gemacht worden, hoffentlich nicht im Suff, dachte Roland. Manchmal hatte er den Verdacht, dass er im Suff gemacht war.

Dass sich seine Eltern hatten gehenlassen, was schließlich zu ihm geführt hat.

Gehen wir in den neuen Woody-Allen-Film!

Wenn er nicht wusste, was er mit einem Menschen bis dahin machen sollte, mit dem er ein Date hatte, sah er einen Film und ging essen.

Das Leben kam ihm vor wie ein Lokal, das den Fremden mit einem Reservierungstelefon narrte und mit einem Namen, der so vielversprechend war wie Bellevue, und dann lag nebenan die U-Haftanstalt Moabit. Und in der Zeitung hatte er gelesen: »Zum Job-Gespräch trotz offener Hose. Auch mit defektem Reißverschluss müssen Empfänger von Arbeitslosengeld zu Beratungs- und Vorstellungsterminen erscheinen.« (dpa) Noch ein Grund mehr, vor der Zukunft und ihren Menschen zu erschrecken.

Da hätten die Leute vom Arbeitsamt einmal den Amerikaner sehen sollen, wie er am Morgen um halb zwölf aus seinem Zimmer herauskam, wie er gähnte und sich streckte, wie er »gosh!« sagte, als er sich im großen Spiegel auf dem Weg zum Bad entdeckte, als ekelte er sich vor sich selbst, und dann wieder über seinen kurzhaarigen Waschbrettbauch fuhr und sich schon wieder gefiel. Das war ein Kapital, das noch einige Jahre sicher sein würde.

Im Frühjahr hatte er ja zurückkommen wollen wie die Zugvögel.

Telefongespräch

»Ich sitze nackt in meinem Garten.«

»Du kannst es dir ja erlauben!«

Also bekam er mit 55 noch ein Kompliment. – Aber sogleich stellte sich heraus, dass es nicht so gemeint war: »Es sieht dich ja niemand auf deinem riesigen Grundstück.«

Wer älter aussieht, stirbt früher

Las er ihm aus *BILD* vor – oder war es der *SPIEGEL*?

Das war die neueste Erkenntnis aus Amerika.

Und dass Das-in-die-Kamera-Grinsen der amerikanischen Präsidenten und ihrer Gattinnen nun doof sein sollte. Was gab es denn da die ganze Zeit zu lachen auf dieser Welt? Das wusste er schon lange, und er sagte es auch. Aber erst, seitdem diese Erkenntnis aus Amerika kam, hatte sie ein Gewicht und wog gleich einen Zentner.

Einmal

saß er in seinem Garten zum Main hin und wartete auf
nichts – das nannten sie wohl »die Seele baumeln lassen« –,
früher sagte man Urlaub, und sah beim Nichtstun etwas nie
Gesehenes und nahm sogleich sein Telefon, das griffbereit
auf dem Tisch lag, und machte ein Foto, wie etwas nie Gesehenes, Schönes an seiner Hose hinaufkrabbelte, etwas wie
zwei Hörner, so zehn Beine und ein wunderbar in allen Farben von Orange bis Schwarz behaarter Rücken und ein auf-
rechter Schwanz wie bei einem Cockerspaniel.

Doch auf dem Foto sah man so gut wie nichts.

Im Prinzip

machten seine Augen keinen Unterschied zwischen einem
Auto und einer Frau.

An seiner Stimme erkannte sie schon, ob er nackt war
oder nicht.

Und seine Gefräßigkeit, was Frauen angeht.

»Eisbein bitte für die Gäste mit Migrationshintergrund erklären!« – hatte damals die Stimme von Rosemarie aus einer
Festlaune heraus eingeworfen. Doch Roland wusste selbst
nicht richtig, was Eisbein war und wie es aussah und wie es
schmeckte. Von den meisten Dingen wusste er nur das Wort,
und auch die meisten Menschen, die er kannte, kannte er
nur dem Namen nach und wusste nicht, wie sie schmeckten.

»Eisbein bitte auf Englisch!« Das Englische war eine der
schwierigsten Sprachen, wenn es darum ging, wirklich et-

was sagen zu wollen. Aber sprechen können hätten sie doch. – Aber es ging nicht. Also verlagerten sie die Sprache auf die Aussprache. Da kriegten die anderen ja oftmals die Zwischenlaute nicht hin. Oftmals scheiterte es an den Zwischenlauten. Das hatte er sich sagen lassen von den Experten.

»Sich in eine Ziege hineinversetzen und dann ›Blair‹ sagen – das kommt ganz nahe hin an die Sprache der Königin – an Queen's English«, das war die Eselsbrücke begabter Englischlehrer.

Was war er für ein Mensch?

Im Supermarkt kaufte er zwei Schnitzel, um zu vertuschen, dass er allein am Tisch saß.

Und auch ihm selbst vertuschte er es, indem er beide Schnitzel aß.

Was bin ich für ein Mensch? Man geht zum Schiffen und kommt nicht wieder. Soll er das jetzt auch so machen? Leute auf der Straße ansprechen, wie er das in seinem Dale-Carnegie-Kurs gelernt hat, sie gnadenlos anlächeln, sie umlächeln und also abschleppen? Dann sitzen sie bei ihm auf seiner Bettkante, in seiner nur aus Nebenzimmern bestehenden Wohnung. Kaum sitzen sie, erklärt er ihnen, dass es sich hierbei (bei ihnen) um die wichtigste Begegnung seines Lebens handle. Er geht kurz hinaus und kommt erst am nächsten Tag wieder. Bisher waren alle verschwunden.

Mit dem Wort »Mama« machte er sich auf den Weg.

Nun blühte es wieder. Nur nicht für sie

Auch diese Geschichte wurde ausgelöst durch einen Kurzbesuch, und mitgebracht hatte er auch etwas, das Ei bedankte sich überschwänglich mit Leben und begann zu wachsen.

Bald wies Hugo auf diese Narbe, die von einem Überfall, bei dem auch ein Messer im Spiel war, herrührte. Roland erzählte die Geschichte, doch ganz ins Allgemeine, Unpersönliche gewandt. Von sich, doch von sich weg erzählt, erzählte er. Darauf sagte Hugo: »Die Stelle ist aber sehr schön verheilt!« Es stimmte, die Stelle war sehr schön verheilt, wie auch die anderen Stellen längst verheilt waren. Trotzdem hätte er nun weinen können, vielleicht auch nur des Phantomschmerzes wegen und vielleicht auch nur deswegen. Wie das einst zu Hause hieß.

Auch weil die Stelle so schön verheilt war.

Ein liebender Mann

Zu den Menschen, die dies nicht glauben konnten, dass dies alles war, wäre, gewesen wäre oder gewesen sein sollte, gehörte auch er.

Und dann wollten sie auch noch irgendwie herausbringen, ob jener, der einen ganzen Brief, zwar schwer entzifferbar, aber doch mit der Hand geschrieben hatte, ein Liebesbrief, der, wie sich herausstellte, echt war, eine Fotokopie davon gemacht hatte, damit das Schreiben nicht ganz verloren war und unter Umständen noch einen Mustersatz enthielt. Da konnte aus der Liebe am Ende doch nichts werden, denn die Liebe ist etwas ganz Voraussetzungsloses und bedarf außer Liebe nichts, so Tante Mausi ein Leben lang.

Und schnupperten dann auch noch an ihm mit ihrer guten Nase herum, ob Spuren eines Fotokopierers auszumachen wären. Und die Nase war derart gut, dass das Schriftstück auch noch auf Spermaspuren hin untersucht wurde.

Es war ein handgeschriebener Liebesbrief, sprachlich zwar auf SMS-Niveau.

Ihr neuer, letzter Aufenthalt auf Erden

Sunrise hieß das Haus, wie zum Hohn. Es schmeckte ihr nicht, das Leben schon gar nicht mehr. Mit dem Aufzug fuhr er in die oberste Etage. In der herrschaftlichen Anlage wurde für 5000 Euro monatlich alle fünfzehn Minuten geschaut, ob der Mensch noch lebte. Da stieß er auch gleich auf eine Dame, wie damals in Emmendinger Geronto-Psychiatrie-Zeiten, die ihm auf Frankfurterisch in der vornehmen Variante sagte, »man hat mir die Katz geklaut«, und dass man dies im Haus nicht hören wolle und dass er nicht glauben solle, dass die Müller verrückt sei.

Dann entdeckte er seine Freundin in einer Gruppe von Damen zwischen einer Voliere und einem Aquarium sitzend. Sie strahlte, als sie ihn sah, dabei hatte er sich gefürchtet, dass sie ihn nicht mehr erkennen würde oder erkennen wollte nach einem halben Jahr. Wahrscheinlich waren es die Tabletten. Seinen Namen sagte sie nicht, vielleicht erkannte sie ihn doch nicht. Aber dann erzählte sie auf ihre nunmehrige Art von David und von Gisela und von den Vollerers. Sie war von selbst darauf gekommen. Gott, was war das Wort »Demenz« für eine Krücke, die über die Nietenexistenz der Psychiater hinwegtäuschen sollte, dennoch hatten sie die Welt an sich gerissen und für verrückt erklärt. Nun konnten sie machen mit ihr, was sie wollten.

Mit ihr

Eine Stunde im Rollstuhl, erst hinab ins Bistro. Dann wieder, rechtzeitig zum Mittagessen, an den Tisch geschoben, wo einige dieser Sunrise-Menschen schon saßen, wobei die Viferen von ihnen den anderen Ratschläge gaben.

Als er diese schöne Frau im Bistro vor sich sitzen saß, mit dem Glas Wasser und sich mit einem Kamillentee, und er sie anschaute, sagte sie:

»Ja. Das bin ich. Das ist geblieben von so viel Aufgebot.«

Die meisten

Die meisten, die vor der Pille geboren wurden und lebten, verdankten dies der Tatsache, dass es noch keine Pille gab. Von solchen Menschen stammten die Menschen nun ab. Oder täuschte er sich auch hier? Kindergärtnerinnen, Mütter von am Leben gelassenen Wunschkindern, Darwinistinnen, Weltumseglerinnen.

Also mussten sie sich ein Leben lang entschuldigen.

Denn sie konnten sich nicht mehr als ein Geschenk oder gar als Kinder Gottes empfinden.

Die meisten, Männer, Frauen, Tiroler oder nicht, konnten ja gar nicht sprechen, aber singen konnten sie wie ein Kärntner Chor aus dem Mölltal. Und Einzelne gab es immer, denen etwas zu sagen glückte. Solche Menschen galten bei ihnen zu Hause bestenfalls als Originale.

Denn das Unverwechselbare hatte schon damals keinen Marktwert mehr, und fast alle wollten sein wie die anderen und ja nicht mit ihrem Leben und den dazugehörenden Sätzen auffallen und nicht ihr Leben führen, sondern ein anderes, jenes, das von ihnen erwartet wurde.

Bald wurde auch der Kommandant der Schweizer Garde zusammen mit seiner Frau erschossen, angeblich von einem jungen und, wie dem *BLICK* zu entnehmen war, bildschönen Papstsoldaten namens Cedric aus der Romandie auf dem Territorium des Vatikanstaates. Vielleicht schoss auch sonst jemand. Am Ende waren alle drei tot, und ein paar Stockwerke drüber schlief der Heilige Vater und hat von allem nichts mitbekommen. Eine Liebesgeschichte konnte auch im Vatikan spielen und auf diese Weise enden. Aber außer den Hinrichtungsmeldungen aus Saudi-Arabien, den Gehaltserhöhungen in den Chefetagen der Welt und den Ungereimtheiten in der Wallstreet verschwand nichts so schnell aus den Nachrichten.

Heiliger Juan de la Cruz!
    Noch so einer.
    Mit seinen Augen, seinen Händen, seinen Augen, die seine Hände waren.

Petersplatz

Er sah Bischöfe aus aller Welt, in allen möglichen Hautfarben, so viele waren es auch nicht. Er sah mögliche zukünftige Kardinäle, Päpste, Tote, Heilige mit Kameras der neuesten Generation, die während der Trauerzeremonie den Papstsarg fotografierten. Das Requiem.
    Und wie es war, wenn man beim Singen mehr den Atem hörte als die Stimme, sah er auch noch. Doch den Tod hätten sie nicht aufs Bild bekommen. Denn der Fotograf war nicht einmal dem Sichtbaren gewachsen. Manche Dinge,

die vor ihm lagen, waren einfach nicht zu fotografieren. Zum Beispiel jener zeitlebens in der Berliner Diaspora lebende Vater, wie er fromm war. Ja, er war so fromm, dass er vor den Bildschirm niederkniete, wenn der Papst mit seinem *Urbi et Orbi* kam, und er bekreuzigte sich vor dem Bildschirm. Das hätte ein guter Fotomensch noch zeigen können. Aber nicht, was das für ein Segen war und wie das Unsichtbare zum Vorschein kam auf dem Gesicht dieses Vaters. Und dass der Segen gültig gewesen wäre. Es war nun alles in einer Zeit, als das Wort »Sünde« längst durch das Wort »Fehler« ersetzt war auf der Welt. Wichsen war aufgrund von ein paar Fotos möglich. Überlebensgroße Ärsche und Titten, das ja. Nicht aber die Seele. Die hatte er auf einem Foto noch nie entdeckt, sowenig wie Gagarin Gott in einer erdnahen Umlaufbahn, welche der Kosmonaut mit dem Kosmos verwechselte.

Aber der Himmel und Wörter wie »Segen« und »gültig« waren nicht fotografierbar. Die ganze Welt war nicht fotografierbar. Da war ein Liebender diesem Himmel schon näher, es konnte ein einfaches Bett sein.

Vom Segen und den Tauben mit ihrem Spatzenhirn nur so viel, wie sie davonflogen.

Er nahm sich seit seiner Zeit in der Neujahrsnacht vor, nicht mehr so viel zu sündigen und endlich abzunehmen. Hatte er nicht mit eigenen Augen gesehen, wie Alfred jene dicke Rheinländerin fragte: »Wissen Sie schon, was Sie zu Weihnachten bekommen werden«? Und wie sie antwortete: »Übergewicht?«

Woran erkenne ich ein Kunstwerk?

Hatte der Professor in den Raum hineingefragt. Das war im Ästhetikseminar. Und da so schnell keine Antwort kam und sich schon eine gewisse Verlegenheit ausbreitete, gab er die Antwort selbst: »dass es unvergesslich ist!« So fragte er Jahr für Jahr in den Raum hinein, bis zur Emeritierung. Und da sich diese erste Stunde der Einführung in die Klassische Ästhetik herumgesprochen hatte, wurde sie bald zu einem Kulttermin, jedes Jahr Anfang Oktober, wenn die Studenten aus aller Welt wieder in Freiburg eintrudelten. Sogar das Fernsehen kam, und alle lachten, als der Professor die richtige Antwort auf eine Frage gab, die er selbst gestellt hatte. Aber eigentlich hätten sie wissen müssen, dass genau das die Antwort war, auf alles. Und auch auf die Liebe und auf so viel wie nichts.

Professor S.

Giovanni erinnerte sich an viele schöne Begegnungen mit ihm, wie er sagte.

Doch eine Begegnung mit ihm vor Jahrzehnten hätte er sich lieber erspart. Es war im schönen Köln. Die Erinnerung bezog sich auf die Hohe Straße, auf einen Tisch im Freien, nicht weit vom berühmten Campi. Er saß an einem jener Tischchen, von denen er auch nicht verstand, warum sie unbedingt rund sein mussten, was andererseits besonders den Frauen gefiel, die sich, wie man sagte, den Tisch aussuchen durften, vielleicht deshalb. Da war »plötzlich«, ein Wort, das bei Goethe auch nicht vorkommt, wie Professor Baumann immer betonte, so wenig wie alles Unschöne, eine lebendige Ratte auf der anderen Seite die Hauswand entlanggeglitten und schon wieder verschwunden.

Als Professor Silbermann ankam, hatte sich Giovanni immer noch nicht beruhigt.

Sie wollten eigentlich von schönen Dingen sprechen, und das taten sie ja sonst auch, wenn sie sich trafen. Aber heute hatte Giovanni nichts anderes im Sinn als diese Ratte.

Es war die erste, die er seit seiner Rückkehr aus dem Krieg gesehen hatte. Noch bevor er richtig von seinem Tischchen aufgestanden war, kam er auch schon damit an:

»Alfons, stell dir vor, da ist gerade eine Ratte an mir vorbeigelaufen.«

Und Alfons, der viel gesehen hatte im Leben, unter anderem in Australien gewesen war, nicht in Ferien, und dort in kürzester Zeit eine Schnellimbisskette aufgebaut hatte, die erste Australiens, die es heute noch gibt, Silberman's, und auch sonst immer ganz schnell war in seinem Kopf und sich einiges vorstellen konnte, fragte:

»Hatte sie zwei Beine?« – Das ärgerte Giovanni nun gewaltig, so dass er die Begegnung an jenem Tag in der Hohen Straße als gescheitert ansehen musste.

Wieder zu Hause hatte er sich immer noch nicht beruhigt.

»Ich verstehe nicht, wie sich der Mensch ein Leben lang mit so etwas Lächerlichem, mit so wenig wie einem Arsch abgeben kann«, sagte er. – »Vor allem, wenn einer wie Alfonso so viel durchgemacht hat im Leben. Und wenn einer wie er doch ein Geistesmensch ist!« Sagte er. »Muss es denn immer der Arsch sein?«

Als wollte er seine Gewissheit mit einer entscheidenden Frage krönen.

A.

Nebenbei bemerkte der Zuhörer, dass auch dieses Wort etwas Rundes an sich hatte. Fast so wie: Kugel. Arsch, ja, denn schon das Wort hatte etwas Rundes, das die Frauen liebten, genauso wie die Männer. »Seien Sie einmal in Ihrem Leben ehrlich! – Sie müssen es ja niemandem zugeben.«

Diesen Satz hatte ein Schriftsteller mitten zwischen seine Sätze hineingemogelt.

Die Liebe war in diesem Leben ein Gerücht geblieben.

Ja, das könnte so gewesen sein, dachte sein Freund, dem er diese Geschichte nie erzählte.

Mensa I

Die Welt dachte, in Freiburg werde philosophiert. Alle dachten oder glaubten dies, der Philosoph philosophiere (der Denker unerbittlich denke) die ganze Zeit, so wie eine Nonne betete und auf das angeblich Schönste verzichtete, welches von jenen, die daran glaubten, »das eine« genannt wurde. Dachten, der eine philosophierte, während die anderen an die Liebe dachten die ganze Zeit, und manchmal auch machten. Später jedoch kam heraus, dass er, während die Welt lachte darüber, dass der Philosoph so viel dachte, hart in der Sache des Denkens, jedoch Liebe machte, als wäre es die reinste Gedankenlosigkeit.

Es waren auch zukünftige und schon gewesene Philosophinnen darunter. Sie, im Leben ehrgeizig und auch in der Mensaschlange immer unter den Ersten, Typ Frau von Weizsäcker, schon mit Perlenkette, über einem weißgewirkten Stehkragen, standen zusammen mit dem Kant-

forscher am Förderband. Und er sah es, Roland, der zweibeinige Träumer.

Diesen Kantforscher, eine stattliche Vogelscheuche von fast
zwei Metern, dazu mit einer entsprechenden Zahl von Jah-
resringen, kannte Roland schon lange. Er war ein Mann,
der auch als Künstler damals hätte noch durchgehen können, bevor diese einem uniformen Schwarz verfielen, es
war eine Entwicklung vom Clown zum Geistlichen. So
stand er schon vor zwölf immer als einer der Ersten in der
Mensaschlange, dazu mit Schal und Fliege, als handelte es
sich bei ihm um einen der ersten Gelehrten an der Universität, der sich aus Bescheidenheit und Solidarität in der Es-
sensschlange unter die Studenten mischte. Und den Geruch, als man schließlich in die Mensa hineinging, hätte
Roland auch am liebsten für immer aus seiner Sinneser-
innerung getilgt. Und auch jenen, der an ihm hing, ein Geruch auf Risibisibasis, ein Geruch nach Tagesgericht und
Maggi, als er in jenen Tagen und Jahren aus der Mensa I
herauskam. Auch ein Hauch von Sperma lag in jener Uni-
versitätszeitluft.

Sie standen wohlgeordnet an jenem Förderband, von dem
sie das Tablett mit dem Essen wegnehmen sollten, aber der
berüchtigte Kantforscher nahm Rolands Hauptgericht, es
war ein asiatisches Etwas, vom Tablett und warf es ihm auf
den Boden, vor und über seine Füße, und kommentierte
sein Tun, als wäre es eine heilige Handlung, mit den Worten:
»Ihre Doktorarbeit schaffen Sie nie!« Roland blieb nichts
anderes übrig, als zu erröten und sich bei der schnell her-
beigekommenen Präsenz-Putzfrau, welche als Muttersprache einen altgriechischen Dialekt aus der Zeit des Aristote-
les hatte, zu entschuldigen und einmal mehr einen Ekel vor
diesem Risibisi, den Scherben und dem dazugehörenden

Leben zu empfinden und an seinen Platz im Präsenzsaal zu verschwinden. Aber vorher musste er noch nach Hause, um sich umzuziehen. Auf dem Weg dahin kam er noch an anderen Spinnern mit ihren Weltverbesserungsprogrammen vorbei. Eher selten waren die Spinner liebenswürdig, meist blieb es bei einer Zumutung, welche aber zum Reichtum einer Universitätsstadt beitrug.

Gleich nach der Eröffnung der neuen Universitätsbibliothek, deren Präsenzsaal sich bald zu einem bevorzugten Treffpunkt zukünftiger Liebespaare mauserte, hatte dieser Mensch, von dem man nicht viel mehr zu sagen wusste, als dass er auffiel, solange er da war, sich eine der ersten Studienboxen oder Kabinen verschafft, in der er nach der Mittagspause mit einer majestätischen Forschergeste verschwand und die Tür hinter sich abschloss.

Man konnte allerdings, da es sich eigentlich nur um spanische Wände handelte, wenn man sich auf die Zehenspitzen stellte, sich Einblick verschaffen, was da vorging und was das für ein schrecklicher Mensch war, dem man über die Schultern schaute. Aber das war natürlich, sowenig wie in den Zeiten vor dem Sicherheitsschloss der Blick durchs Schlüsselloch, eine Möglichkeit, die einem wohlerzogenen Menschen nicht zustand.

Doch so viel konnte Roland nun sagen: Der Kantforscher hatte das Standardwerk: *Französischer Grundkurs I-III – Französisch im Kindergarten* vor sich aufgeschlagen und studierte wahrscheinlich die Piktogramme, und wie neben einer so abstrakten wie konkreten, infantilen wie genialen Zeichnung eines Hauses »la maison« in Kinderschrift und Großbuchstaben, einer neben dem anderen, zu lesen war. Und außerdem entdeckte er eine Katze – oder sollte es ein Hund sein? –, nein, eine Katze, denn da stand »le chat«. Und dann sah Roland noch ein Strichmännchen, daneben »l'homme«. Dieser Mann war also vielleicht doch kein Kantforscher, sondern ein einfacher Verrückter, wie es sie gab auf der Welt, die Roland von Tag zu Tag verrückter zu sein schien.

Freitag, 13. August

Gestern wurde eine Schwangere gesteinigt, am Freitag letzter Woche ein Vierzehnjähriger aufgehängt, in den nächsten Tagen sollte eine Ehebrecherin bis zum Kopf eingegraben werden und dann gemäß der Schrift langsam getötet. Es durfte also kein Stein so groß sein, dass der erste schon der letzte gewesen wäre. Es hatte alles seine Ordnung, und die Scharia bestimmte genau, wer den ersten Stein werfen durfte. Sie hatte schon 99 Peitschenhiebe bekommen und im Fernsehen geweint und alles zugegeben. Präsident Obama sprach von Barbarei. Die Außenminister protestierten. Der Anchorman des Nachrichtenmagazins kochte und schlug vor, dann könnten doch die USA ihre ausgemusterten elektrischen Stühle liefern und das Sterben im Iran humaner machen.

Um elf Uhr hörte er Nachrichten. Soeben wurde gemeldet, das sei die 85. Steinigung in diesem Jahr gewesen. Gesamtmetallpräsident Kannegießer war hinsichtlich der Tarifverhandlungen optimistisch. Die Militärausgaben wuchsen auf 1339 Milliarden Dollar im vergangenen Jahr, und ein weltweites Verbot von Tellerminen gefordert wurde auch. Eine Hinrichtung in Texas musste verschoben werden, weil Gift fehlte. Es gab ein Grubenunglück im Ural. In 750 Meter Tiefe entdeckten die Rettungstruppen ein Todesopfer. Erdbeben in Griechenland. Das Epizentrum lag nahe bei der Stadt Patras. Zwei Astronauten hatten ihre Wartungsarbeiten erfolgreich durchgeführt und kehrten morgen zur Erde zurück. Der Friedensnobelpreisträger Henry

Kissinger war der Festredner beim Geburtstag von Altbundeskanzler Schmidt.

Um ihr Image aufzubessern, engagierte die Kirche die Firma McKinsey. Arme Kirche! – dachte er. Wie sollte einer wie er noch Heil bei ihr finden, die ihr Heil bei Unternehmensberatungen suchte. Der Himmel sollte weiter bewölkt sein. Um halb zwölf begann die Heilige Messe.

Christus war ohnehin nur bis Hildesheim gekommen.

Weh dir, Fischbach am Bodensee, dachte er.

Die Erinnerung fällt vom Fahrrad und bleibt liegen

Da schrie er so laut, dass die Bilder von der Wand fielen.

Aber es hingen gar keine Bilder an der Wand, und sie wären auch gar nicht von der Wand gefallen. Also hörte er bald auf zu schreien und machte etwas anderes.

»Heimat ist da, wo ich weiß, wo das Regal ist … wo die Dinge im Regal sind«, darauf kam er schließlich nach langem Leben und Nachdenken. So einfach war das.

Der Respekt, mit dem in seiner Ecke (wofür die anderen Heimat sagten) einer verehrt wurde, der eine Schraubenfabrik gegründet hatte. Warum nicht.

Doch er traute sich nicht, das lächerlich zu finden. Und keiner sagte: »Der Kaiser ist ja nackt.« Und an die Todesstrafe für solche, die »und aus welcher Ecke kommen Sie?« fragten, hatte er auch schon gedacht.

Summa:

Was lernen wir daraus?

Wir lernen aus dieser Geschichte, dass wir nichts aus dieser Geschichte lernen.

Das ist fast schon alles.

Der Herr Pfarrer hat ihm gesagt, dass er Staub ist und dass er zu Staub zurückkehre.

Der Herr Doktor hat ihm gesagt, er soll das Leben genießen.

Was soll er noch? Den Abstand, der ihn vom Leben trennt, beschreiben?

Der Tag war unbeschreiblich heiß.

Aber er fasste keinerlei Vorsätze mehr, außer dem einen, sich regelmäßig gegen die Sonne einzucremen, und dem anderen, keine Vorsätze mehr zu fassen. Und dabei blieb es.

10. Das nächste Mal
machen wir Amerika

Picasso verdankte dem Rauch sein Leben. Die Hebamme berichtet, dass sie ihn schon aufgeben wollten, da sei der Großvater (noch so ein Großvater!) mit seiner Zigarre gekommen und habe Picasso den Rauch ins Gesicht geblasen, worauf er zu atmen und weinen begonnen habe, und so wurde Picasso zu Picasso. Nur er blieb, was er war: ein linkshändiger Träumer.

Sie fuhren über die Rheinbrücke nach Norden, zu ihren Verwandten in Mesopotamien.

Die zweite Rheinbrücke gab es noch nicht.

Das alte Konstanz lag immer noch zu hundert Prozent auf der Schweizer Seite und erinnerte ihn immer auch an Berlin vor dem Mauerfall.

Er hätte es auch als Flucht bezeichnen können.

Roland wollte Jim etwas zeigen.

Also fahren wir nach Mesopotamien, wo er herstammte.

»Fahren wir nach Hause!«, sagte sich Roland, und sie fuhren.

Einmal, da war Roland noch fast ein Kind, das überall hinkam, auch in fremde Ställe, die niemals abgeschlossen waren, stieß er auf die zwei, Karl Rudolph und Hermine, wie sie gerade aneinander herumfummelten – das Wort war nicht von ihm –, mitten in diesem Stall, zwischen Futtereimern und Heu, da hat Roland zum ersten Mal diesen BH gesehen … und überhaupt. Wenn das alles war? … Wenn »das« alles war!!!

»Ich komme von den Sternsingern …« Oder war es die Deutsche Kriegsgräberfürsorge oder die Gesellschaft zur Rettung Schiffbrüchiger, für die er sammelte und mit seiner Büchse von Haus zu Haus ging? Roland hatte sie im Haus nicht angetroffen, das ja auch niemals abgeschlossen war, hatte geschaut und gerufen und war dann in diesen Stall hinübergegangen, wo die beiden dabei waren, ihre Vorstellung von Glück zu realisieren.

Roland hatte ein Herz für Tiere, aber nun war er unbeschreiblich enttäuscht. Das sollte alles sein: zwei nackte Brüste und ein in die Ehe mitgebrachter rosaroter Büstenhalter, der über der Futtertroganrichte lag, und Hermines Kittelschürze, die an einem Nagel an der geweißelten Wand hing, Ton in Ton, fast schon erdfarben, dazu ein Mann, Karl Rudolph, der an so etwas Gefallen fand?

Der einzige Unterschied zu sonst war, dass er bei seiner Stallarbeit nicht rauchte. Er hatte nicht einmal seinen Saumantel ausgezogen. Als wäre dies die Berufskleidung des geborenen Schmutzfinken.

So etwas wollte er nicht. Und er nahm Zuflucht zu anderen Liebesbildern.

Sie lachten blöd, wie Roland so vor ihnen stand mit seinem enttäuschten Gesicht, wurden aber doch rot, und Roland mit seiner Sammelbüchse war ihnen nun doch lästig, was man auch noch an diesem schummrigen, fast fensterlosen Ort, wo blutverwandte Säugetiere, welche auch die Versuchskaninchen angehender Chirurgen waren, ihre Gefangenschaft bis zur Schlachtreife verbrachten, erkennen konnte.

Immer, wenn Roland in seinem späteren Leben Hermine sah, hat er sie so dastehen sehen, mit ihren zwei Brüsten, und der rosa Büstenhalter dahinter.

Schon als Kind wollte Roland nicht begreifen, dass dies:

die eine Hand da und die andere dort, alles sein sollte. Das sollte alles sein? Als wäre dieses Nichts etwas gewesen?

Und dass es nichts als Milch war, was da aus dieser verheißungsvollen Brust herauskam. War es nicht so?

Es war vielleicht die erste Enttäuschung seines Lebens, noch an den Brüsten seiner Mutter. Roland hat darüber, was er da bei Hermine gesehen hatte, niemals mit einem Menschen gesprochen, angefangen mit seiner Mutter und später auch nicht.

Was sie da machten? – »Weiß nicht.« – »Was schon!« –

Summa: Das katholische Wort »geordnet« für Sexualität war doch eine Unmöglichkeit und wurde es immer mehr: Gab es etwas Ungeordneteres?

Sie waren da wie der Misthaufen, der auch da war, sagte Onkel Otto, und blieben, als jener schon längst verschwunden war.

Es schien Rolands Familie so zu sein, dass die Gores gerade noch wussten, wie sie ihre Nachbarn, die mittlerweile wieder Reitpferde und einen Swimmingpool auf ihrem sehr gepflegten 5000-Quadratmetergrundstück und die *F. A. Z.* abonniert hatten, überdies abwechselnd in die Opernhäuser nach München, Stuttgart und Zürich fuhren, je nachdem, welches Haus gerade auf der »Agenda« der Großkritiker stand, an ihre gemeinsamen sogenannten Wurzeln, als wäre der Mensch nun ein Baum (man sagte nun nicht mehr Stammbaum), erinnern konnten, zu ihrem Ärgernis.

So lebten sie gleichzeitig ihr ungleichzeitiges Leben.

»Gar nicht beachten … Freundlich zurückwinken.« Solange sie noch da waren. Das Problem würde sich von selbst lösen, auf natürliche Weise. Glaubten ihre großen Nachbarn.

Doch dann, als Hermine den bis dahin so lange trägen, bis zu seinem 30. Lebensjahr dahindösenden Karl Rudolph,

der mangels eines Hosenträgers oder gar Gürtels einen Käl-
berstrick nahm und schon einen kompletten Goldzahn, der
wohl als Visitenkarte gedacht war, vielleicht sogar als Geld-
anlage oder als Tresor, sein Eigen nannte, derart entdeckte
und für sich beanspruchte, als wäre er ein Kontinent, über-
schlugen sich bald die Ereignisse. Alle Spekulationen, dass
diese unsägliche Geschichte dieser Nachbarschaft nun ihrem Ende zuneige und sie das damals schon, aber noch nicht
ganz so wie unter der Regentschaft Hermines heruntergo-
kommene Gelände übernehmen könnten, zerschlug sich.

Jennifer, die ihre Existenz den tagsüber heruntergelasse-
nen Rollläden und vielleicht einem anregenden Film aus
der Videothek verdankte und ihren Namen einer Fernseh-
serie, war dann mit sechzehn auch schon Mutter.

Das Problem waren die Eltern, gewiss, die es wahrscheinlich genauso gemacht hatten.

Was diesen Karl Rudolph betraf, so konnten sie das Wort
»wahrscheinlich« glatt streichen.

Und ausgerechnet hier war Jim gelandet.

Zwangsläufig. Roland hatte noch geglaubt, dass er diese
Nachbarschaft nicht erklären müsste. Aber dann hatte es
der Schlachtfestgott so gefügt, dass Jim ausgerechnet an
diesem Tag im Jahr zu seinem Schlafzimmerfenster hinausschaute und er seine Tabletten wohl nicht richtig genommen hatte.

Dr. Dorfschmid sagte, sie seien eben unterbelichtet; und
so war auch dieses Wort eingeführt und der Fall so weit ge-
klärt.

Roland war indes ernüchtert, wenn auch noch lange
nicht ganz.

Roland und auch die anderen in der Familie, die davon
erfahren hatten, staunten, als sie hörten, dass ihre Nachbarn erst am Tag vor dieser Hausschlachtung aus Tune-

sien zurückgekehrt waren, wo sie in einer All-inclusive-Anlage gewesen und auch die Oma – sie war damals irgendwie Ende dreißig – mitgenommen hatten.

Der Opa hatte derweil das Haus gehütet.

Auch Jim erzählte sie diese Geschichte mit Tunesien und wie sie das erste Mal das Meer gesehen hatte. Wie viel davon, das wusste Roland nicht. Jim war in diesen Dingen um Hermine herum sehr schweigsam wie überhaupt in diesen Dingen.

Niemals sprach er über so etwas wie die Liebe.

Sätze wie »I love you« hörte Roland aus diesem Mund nie. Er war kein Verbalerotiker.

Hermine war nun nach außen hin schon fast in einem Abschiedsalter: alles noch da, dieses sinnliche Gelächter aus unerfindlichen Gründen und laszive Blicke, die Roland zu verstehen gaben, dass sie ihm immer noch etwas voraus hatte, selbst die Periode, als ginge es immer so weiter. Und dann diese Brüste und dieser Hüftgürtel. Dabei war sie schon Großmutter und wurde es immer mehr.

Bald war der Mensch an den verschiedenen Schauplätzen des Glücks, dessen erstes Beispiel das Meer war.

Das Meer war auch nichts für sie.

Einmal genügte.

Für alles.

Wie den meisten Menschen, als hakten sie das Leben ab. »Die Pyramiden habe ich schon gesehen. – Muss nicht noch einmal hin.« Das war einer der Hauptsätze des Menschen, und Hermine war zweifellos auch so ein Mensch.

Nur in der Liebe war es anders.

Nun gab es Jim und Hermine … Hermine, die, wie sich die klügste und zugleich älteste Frau der Gegend, Fräulein Cäcilie Wild, einst ausgedrückt hatte, diesem Hauswesen eine fatale Richtung gab.

Die Handarbeitslehrerin Fräulein Wild hatte mit Hermine auch ihre Erfahrungen gemacht und sich noch mit 89 Jahren erinnert, wie sie Hermine, wie die anderen Mädchen auch, von Anfang an zum Nähen und Stricken der Aussteuer anleiten wollte, das war 1944, und wie sie damals schon gedacht hatte, »aus diesem Kind wird nichts«, wie sie sah, wie Hermine die Stricknadeln nicht annahm, stattdessen einen Pettycoat schneidern wollte. Wo sie dieses Wort Ende 1944 herhatte, wusste Fräulein Wild auch nicht.

Einmal, ganz früh, bald nach der Währungsreform, verlor Hermine ein Kind und brachte es in einer Plastiktasche ins Krankenhaus. Vielleicht wollte sie nur alles recht machen. Wusste ein Leben lang doch nicht, wie dies ging. Und das Düsenzeitalter hatte auch schon begonnen.

Am anderen Morgen – es musste ein Donnerstagmorgen gewesen sein, denn am Freitag wurde in der katholischen Welt aus bekanntem Grunde nicht geschlachtet, fand er plötzlich wieder einmal alles schön. Auch das Gegenteil davon. Vielleicht war es auch nur der Restalkohol. Solche Morgen gab es auch.

Als er zum Fenster hinausschaute, landete er zwangsläufig bei den Gores, diesen Nachbarn, und konnte sehen, wie Hermine das Blut rührte. Wie sie mit der Arbeit schon fast fertig waren. Das Schwein hing schon ausgenommen in zwei Hälften von der Leiter, fast schon ein Stillleben eines alten Meisters.

Auch sie, die Gores, gehörten zu seinem Leben. Vor bald zwanzig Jahren war er täglich durch jene Tür gegangen, ihre Haustür, die eher einer Stalltür glich. Zu diesen Nachbarn hatten seine ersten Reisen in die Welt geführt.

Nebenan, einst, als dieses Wort noch Sinn hatte und darauf deutete, dass es eine Mitte gab, gegeben haben muss, lebten sie, diese Nachbarn.

Die Stiftung Warentest hätte auch sie als Familie nicht durchgehen lassen.

Und ihn vielleicht auch nicht, in seiner nur aus Nebenzimmern bestehenden Wohnung.

Vom Schlafzimmer aus konnte er ihnen auf den Wurstkessel sehen, dem Leben ins Gesicht.

Sie lebten hauptsächlich vom Fleisch von Tieren, die sie selbst schlachteten, und was von ihnen übrigblieb, landete wieder im Trog ihrer noch nicht geschlachteten und verspeisten Angehörigen und so fort. Die Gores aßen nur am Freitag kein Fleisch, und Freitag war auch kein Schlachttag, da hatten die Tiere frei.

Hermine bemerkte bald, wie er zum Fenster herausschaute und sie beobachtete, wie sie ihrem Handwerk nachgingen.

Der Amerikaner, Jim aus Miami, war dagegen schon eine Stunde zuvor von einem irrsinnigen Quieken aufgewacht – und war »zu Tode« erschrocken, als er von seinem Zimmer aus Leute mit Händen und Beinen und Köpfen an derselben Stelle dabei entdeckte, wie sie dabei waren, ein bis dahin niemals im Freien gewesenes Lebewesen, das auch aus den fünf Sinnen bestand und alles hatte, und auch noch in etwa an der gleichen Stelle!!!! ... an seinen Ohren und seinem Schwanz aus dem Stall herauszuziehen, um es zu töten, abzuschaben, aufzuhängen, aufzuschneiden, auslaufen zu lassen und so weiter.

Es handelte sich bei den Hauptakteuren um Hermine und Karl Rudolph und seinen ebenso unterbelichteten Stall- und Schlachtgehilfen Theodor, der eher das Gegenteil von dem war, was sein Name besagte, Theodor – eher pain in the neck als Gottesgeschenk. Und seine Frau Viktoria, genannt Viktor, stand auch noch dabei und wartete darauf, das Blut zu rühren.

Von diesem Geschrei, das er nie gehört hatte, war Jim erwacht.

Wenige Augenblicke später sah er, wie sie dabei waren, das Tier auf einen Trog zu binden, es gemeinsam zu fesseln, wobei die Frauen nun assistierten, zwei der Männer ihre Kraft spielen ließen, und Theo hatte nun zwei Taschenlampen in der Hand zum Leuchten. Es war wie eine Hinrichtung im Morgengrauen. – Das Lebewesen, das nun ins Jenseits befördert werden sollte, und dann verwurstet und so fort, hatte vier Beine, das war vielleicht der einzige kapitale Unterschied zu den anderen, die zweibeinig sich an die Arbeit machten. Zwei Männer und zwei Frauen, zählte Jim. Und dann entdeckte er auch noch Zuschauer: Die beiden Alten, wie Hermine ihre Schwiegereltern nannte, lebten damals noch und hatten immer noch nicht genug. Wilhelm und Fine verfolgten das Leben und wie diesem Lebewesen der Garaus gemacht wurde mit einer alten Freude, als wären sie immer noch Kinder.

Jim sah, wie sie es schließlich schafften, das Lebewesen zu bändigen, und wie es dann, noch am Leben, plötzlich totenstill war. In Miami gab es so etwas nicht. Das gab es dort gewiss auch, nur noch viel schlimmer, und es gab keinen einzigen TV-Kanal, der dies gezeigt hätte. Hier war es live. Das Leben.

Sie hatten die Morgenläut-Glocken von Lebensweiler abgewartet, die den Schuss übertönen sollten. Und dann begann es zu läuten: zum Morgengebet, genauso lange, wie fünf *Vaterunser* und fünf *Ave Maria* dauerten. Seit Jahrhunderten läuteten sie so um halb sechs, für alle, die ihr Leben um diesen Turm herum führten und geführt hatten und denen sie wohl als eine Art Wecker dienten. Aber der wäre gar nicht nötig gewesen.

Erst lag das Lebewesen mit den zwei Augen festgebunden und totenstill in Erwartung des Endes. Doch als es mit eigenen Augen sah, wie Karl Rudolph, als die Glocken zu läuten begannen, dabei war, den Bolzenschussapparat zu holen, fing es wie am Spieß zu schreien an, wie ein um sein Leben schreiender Todgeweihter, der keine Beruhigungsspritze bekommen hat, bei der Hinrichtung. Zwischen Huntsville Texas und Isfahan, Mekka und Schanghai.

Die Glocken gaben dem Tag und dem Leben eine Struktur, hier, im Hinterland von Schwäbisch Mesopotamien von einst.

Dieses Morgengeläut übertönte dann den Schuss doch nicht ganz, der immer noch deutlich zu vernehmen war, diese Glocken hatten in alles hineingeläutet. Und besonders auch die Kinder, die anfangs noch mit Opa und Oma herumstanden, schauten erwartungsvoll zu und zuckten vor Freude zusammen und bekamen vielleicht zum ersten Mal eine Gänsehaut, als wäre dies eine Vorstufe späterer Orgasmen gewesen, als sie in die Glocken hinein den Schuss hörten.

Bald liefen sie mit der blutverschmierten Schweineblase davon, einem der Kinderspielzeuge, das Karl Rudolph für sie aufgeblasen hatte, und schlugen damit einander auf den Kopf. Es war ein kurzes Vergnügen, Kinder! – Hermine und Karl Rudolph hatten fünf davon gemacht, wie es hieß. Als verwechselte sich der Mensch mit dem Schöpfer. Auch der einfachste Mesopotamier und nicht nur die großen Experten, virtuosen Humangenetiker und Herren von der pränatalen Diagnostik.

Die älteren zwei waren schon aus dem Haus, während die drei Jüngeren sich noch um die Schweineblase stritten, bis der Förderschulbus kam, und schmierten sich mit Blut aus der Wanne voll und nahmen die Schweineblase erst wieder am Schmutzigen Donnerstag heraus und hauten damit allen, denen sie an diesem Tag begegneten, auf den Kopf.

Jim würde dieses Bild dann mit nach Amerika nehmen und wahrscheinlich in Miami erzählen, wie sie ganz konzentriert und formvollendet nach der richtigen Stelle am Hals Ausschau gehalten, abgesucht und dann den Schnitt gesetzt hatten und wie nach einer Generalpause mit aller Gewalt, wie eine Fontäne, das Blut herausgebrochen war.

Gewiss, wie es in Huntsville zuging, am Morgen der Hinrichtung, wie in aller Herrgottsfrühe geweckt wurde, davon wollte er erst gar nichts wissen. Das war eine andere Geschichte, wenn auch nicht ganz; und wie immer war es auch hier: Die eine hing mit der anderen zusammen, alle Geschichten hingen irgendwie zusammen, wenn der gewöhnliche Mensch auch am Wort »irgendwie« scheiterte und niemals den sogenannten Durchblick haben würde, er aber würde dann tot sein, und unter den schönsten Vorrechten des Schriftstellers war dies vielleicht das entscheidende: dass er Äpfel mit Birnen vergleichen konnte, ja musste ein Augenleben lang.

Viktoria und Hermine hatten den Blutschüsseldienst übernommen, eine Wanne, die das Jahr über auch zum Wäscheaufhängen benutzt wurde, ganz an den Hals gedrückt und das Blut aufgefangen und wild zu rühren begonnen und das nötige Gewürz hineingemischt … und alles so geschickt, dass das Hermännle einen Tag später sagen würde, er könne sich ein Leben ohne diese Würste nicht mehr vorstellen, ja, er wolle nicht mehr leben, wenn ihm »diese Méxede« (hochdeutsch: Schlachtplatte) eines Tages nicht mehr gebracht werden sollte.

Innerhalb kürzester Zeit war alles aufgeschnitten und herausgenommen, der Rest hing in zwei Teilen an einer Leiter von der Wand herunter, rechts neben der Tür am Stall, durch die dieses Tier mit seinen Augen ein erstes und letztes Mal herausgekommen war. Immerhin, welch ein Auftritt, zu vergleichen mit dem Stier in der Arena, dessen

Sterben und Tod ja geradezu ein königliches Requiem war, verglichen mit seinen Verwandten, die in den Schlachthöfen landeten, ganz zu schweigen von den 350 Millionen Hühnerleben, die jedes Jahr in diesem Land vollautomatisiert verarbeitet wurden, erst zu Lebensmitteln, dann zu …

Und, auf dieses arme Schwein bezogen: Seine Geschwister hatten nicht dieses privilegierte Schicksal, zu Hause sterben zu dürfen, derart im Mittelpunkt eines Festes, wie ein stolzer spanischer Stier – und dann von den eigenen Leuten gegessen zu werden, und dass ihre Augen zuletzt Leckerbissen wären, und den Rest von allem bekamen dann geraume Zeit später diese Geschwister selbst von Hermine in den Trog geschüttet. Nein, es war schon etwas Besonderes. Die anderen landeten in der Schlachtfabrik, und ganze Familien wurden dort für immer auseinandergerissen und landeten zuletzt in irgendwelchen Klein- oder Großstadtmägen bis zur Unkenntlichkeit entstellt, durch den Fleischwolf, und vorher noch bei Aldi oder beim ersten Metzger am Platz, in der Gourmetabteilung.

Und dem Verbraucher als Genießer war es egal, wie sich dieses Leben mit Augen und Ohren und Mund etwa an derselben Stelle einst zusammengesetzt hatte.

Der Gemüsegarten war auch stillgelegt, seitdem es die Tiefkühltruhenkultur gab und der Eismann einmal in der Woche seine Ware ins Haus lieferte.

Die Hausfrauen waren ganz ungerecht. Sie sahen nicht, was Hermine sonst noch zu bieten hatte.

Sie sei nicht viel wert, sagten die Hausfrauen, wenn nach Hermine gefragt wurde. – Sie sei unterwegs von morgens bis abends … die ganze Zeit im Schwimmbad oder liege oben ohne am Baggersee herum, und ab September im Hallenbad, statt für Karl Rudolph und die Ihren etwas zu kochen.

Gewiss, sie mosteten und schlachteten noch selbst. Selbst Marmelade fabrizierten sie wie die anderen. Die, sagten sie, würden sie niemals essen. Hermine sei dreckig. Es gehe bei ihr zu. – Es gab auch solche, die die Wurstsuppe aus ähnlichen Gründen gleich wegschütteten, wenn sie von Hermine kam, von den Kindern an privilegierte Personen des Dorfs bis hin zum Pfarrer ausgeliefert, oder den Schweinen gaben, so sie noch Schweine ihr Eigen nannten.

Bei den Gores gab es das noch. Aber sonst reichte es gerade noch für ein paar Holunder- und Fliederbüsche, die ungefragt und wild und von selbst durcheinanderblühten, wie die Gores selbst, sehr vergnügt, aßen sie nun definitiv in der Küche! Und an manchen Abenden sangen sie auch noch, wenn der Most geholt war, zehn Fässer im Keller. Nicht gerechnet der Bierfahrer, der auch noch einmal pro Woche lieferte und mittrank. Da die Wurst der Hausschlachtungen bald ausging, wurde schon nach vier Wochen wieder zugekauft. Selbst Bäuerinnen von einst fuhren nun zum Discounter und kauften H-Milch im Karton und fuhren wieder in ihre Häuser zurück, die nur noch Bauernhausattrappen, in ihre Dörfer, die nur noch Dorfattrappen waren.

Roland wusste schon seit Stunden, dass er drüben war. Er hatte erst seine laute Stimme gehört, seinen Ohren nicht getraut, wie er Hermine, die so um die vierzig Jahre alt war, Dialektwörter nachsprach und wie er den Amerikaner zusammen mit Hermine in ihrem Bohnenbeet stehen sah, und ihm die Welt erklärte. War die Liebe eine Nebenwirkung von Antidepressiva? War es der Selleriesalat?

Man sah gerade noch ihre Köpfe, denn diese Bohnen waren schon ziemlich erwachsen.

Wörter wie »Eigmax«, »Hiepele« und »Zwegschde« – Marmelade, Himbeeren, Zwetschgen – hörte Roland, die

Jim dann, der ja so gut wie kein Wort Deutsch sprach, nach Hause mitbrachte.

In welcher Sprache sie sich unterhielten? Dass Hermine Englisch gekonnt hätte, wäre Roland neu gewesen. Wahrscheinlich schlugen sie sich in der Sprache der Liebe durch.

Jim und Hermine waren bald im Haus verschwunden. Karl Rudolph war derweil noch zu einer Gelegenheitsarbeit gegen Vesper und Bier aushäusig, und die Kinder waren ja schon um halb acht, als der Höhepunkt des Schlachtfests vorbei war, von dem Behindertenbus abgeholt worden und seither nicht zurückgekehrt. In jenem Haus, wohin Roland seit Kinderzeiten nicht mehr gewesen war, von dessen Innenleben man Schlimmes hörte.

Hermine war wohl schon dabei, ihm die wichtigsten Tuwörter in der Muttersprache, die auch seine war, beizubringen. Ließ ihn wohl Zeit- und Tuwörter wie »hau gau lau«, »dau und schdau« nachsprechen.

Das war kein Chinesisch. Mit all diesen Wörtern und auch noch Dingen kehrte er zurück. Hauptwörter wie »Bloter«, »Lumpbedier«, »Lutsch«, »Seckela« und »Schdadtmadratz« sowie »nixig« (das waren alles Wörter, die in Bezug auf Hermine im Umlauf waren) hatte sie ihm geschenkt. Weiß nicht, wie weit er anderswo mit diesen Wörtern kam.

Es gab sogar ein Wort, das hatte im Amerikanischen und auf Himmelreichisch dieselbe Bedeutung, muss ein ganz altes Wort gewesen sein, noch älter als Pfingsten: »so a Schlutt!« – »So eine Schlutte!« – Kam von »slut«. Auch das Wort »slot« hing wahrscheinlich damit zusammen, wie er im Wörterbuch herausfand.

Und die beiden freuten sich dabei ihrer Gemeinsamkeiten und, vielleicht mehr noch, ihrer Unterschiede, vielleicht auf dem in die Ehe eingebrachten Schesslong, vielleicht auch auf dem Küchentisch. Was für zwei Schlutten, dachte Roland. Dabei handelte es sich offenbar um zwei Naturbegabungen.

Nach diesem Fest, von Roland zur Rede gestellt, was er so lange bei Hermine gemacht habe, sagte Jim: »Was schon!« Und auf die Frage, was das gewesen wäre, antwortete er:

»Wir haben gelebt.«

Das war in jenem Haus, wohinein sie verschwunden waren und für Roland bald zu sehen war, dass nichts mehr zu sehen war. Aber so war es. Diese Geschichte spielte ja schon in der Rollladenzeit.

Abschied

Jim war dann noch ein letztes Mal zu Hermine hinübergegangen, offiziell, um den neuen Wurf der Kaninchen zu besichtigen, unter deren Vorfahren Chinchillas gewesen sein mussten.

Sie hatten schon rote Augen und schauten ganz frech, als hätten sie von Anfang an verstanden, was ihnen blühte: nichts als ein Leben in Gefangenschaft, und dann der Tod, der aus ihnen einen Hasenpelz machte und einen längst vergessenen Sonntagsbraten im Bauch des kleinen Mannes. Denn wer auf sich hielt, aß so etwas nur, wenn es unbedingt sein musste. Sie schauten so frech, als wüssten sie, dass sie die Unterschicht im Haustierreich repräsentierten, das Hasenreich, da, um den kleinen Leuten eine Gaumenfreude zu sein. Schauten oder schauten nicht, als wollten sie der Welt »LMAA« sagen, wie unbußfertige Häftlinge in der Todeszelle, welche dem Mann, der das Essen durch die Luke schiebt, die Zunge heraussteckten oder die Hose herunterließen, als sollte dies heißen: »Macht doch mit uns, was ihr wollt!« Ja, für die meisten Lebewesen stellte sich die Welt als tödliches Gefängnis heraus, kaum dass sie gesehen hatten, wohin es sie verschlagen hatte. Und einige von ihnen lebten nur, bis sie an der Reihe waren, gefressen zu werden. Man musste schon Zyniker sein, um die Wiedergeburt für möglich zu halten.

Ja, und der Mensch hatte ein Leben lang Angst vor dem Tod »wie die Kinder vor dem Wauwau«.

Kannitverstan

Mit acht war alles noch wunderbar gewesen. Einmal hatte er sogar ein Gedicht auf eine Kirsche geschrieben, so gut schmeckte alles. Was für ein Anfang! Aber dann kam das Leben.

Selbst die Liebe war irgendwann etwas Gewöhnliches geworden, als wäre es Kartoffelsuppe. Auch die Pille war eingeführt in der Zwischenzeit. Das war der Tod von Romeo und Julia. Bald gab es nur noch Wunschkinder. Wie schön war alles geworden! Und schöner und schöner, die Schönheitschirurgen lösten die Analytiker ab. Und die hatten noch die Beichtväter verdrängt, all die seligmachenden Sündenbekenntnisse in Zeiten, einst als das Leben noch vor ihm lag. Die erste Todsünde ließ noch lange auf sich warten.

Das war seine Kindheit, ja, das hätte er schwören können bei den Kondensstreifen am Himmel und seinen weißblauen Wolken.

Manchmal war er so aralblau wie die letzte Tankstelle vor Amerika.

Aber der Mensch hatte immer noch Angst vor dem Tod wie früher die Kinder vor dem Wauwau.

Irgendwie. Vielleicht würde alles am Wort »irgendwie« scheitern. Es konnte gar nicht sein, dass es ihn noch einmal so lange gäbe. Und auch jene herzzerreißenden kleinen Hähne, die noch das Krähen übten, gäbe es so nicht mehr lange. Misthaufen gab es schon lange nicht mehr. Und noch bevor sie an den Verrat richtig erinnern konnten, waren sie schon verspeist und vergessen. War es nicht das Leben?

Nun zeigte es und alles an ihm schon ganz nach Süden. Er schaute auf die Uhr, und alles zeigte nach Süden. Da sagte diese Frau zu ihm: »Wenn du so weitermachst, schaffst du es nie bis Hoya, dann ist eben schon in Nienburg Schluss.« Sie war schon ganz ungeduldig – es war ja auch nur eine halbe Stunde vereinbart. Das war an der B 16. Tief in den norddeutschen Wäldern. Zwischen Gifhorn und Uelzen. Auf fünfhundert Meter ein Wohnwagen mit Rotlicht. Auch da. Und bald hörte er sie auch noch »Das nächste Mal machen wir Amerika!« sagen.

Ein Stein genügte, und das Glück war in zwei Teilen. Als wäre es Katzenglück. Ja, die Liebe. Die Liebe hatte sich als das Warten auf die Liebe herausgestellt. Irgendwie. Und die Amseln sangen, als blühten sie.

Für Mungo

Inhalt